De Mindfulness Code

Ook verkrijgbaar:

Mieke de Bock en Miriam Wapenaar
Yoga voor dag en nacht
ISBN 978 90 453 1124 1

Theo Fischer
De kunst van het nietsdoen
ISBN 978 90 453 1076 3

Thich Nhat Hanh
Mindfulness
ISBN 978 90 453 1049 7

David Pond
Chakra's voor beginners
ISBN 978 90 453 1058 9

David Pond
De weg naar geluk
ISBN 978 90 453 1029 9

Richard Webster
Aura's voor beginners
ISBN 978 90 453 1123 4

Donald Altman

De Mindfulness Code

Vier sleutels naar geluk

BBNC uitgevers
Rotterdam, 2010

Oorspronkelijke titel: *The Mindfulness Code*
First published in The United States of America by
New World Library

Vertaling: Studio Imago, Geeske Bouman
Ontwerp omslag: Million Dollar Design, Amsterdam
Redactie en zetwerk: Studio Imago, Amersfoort
Druk- en bindwerk: HooibergHaasbeek, Meppel

ISBN 978 90 453 1122 7

www.bbnc.nl

Dit boek is opgedragen aan vrede
en iedereen die vrede zoekt,
in of buiten zichzelf.

Moge elke kiem van mindfulness
een zegen van bewustwording zijn
voor iedereen die lijdt.

Moge elke kiem van mindfulness
een instrument van vrede en liefde zijn
voor ieders welzijn.

Inhoud

Inleiding

Droom jij nooit van een plek of tijd die een simpeler leven belooft? Een plek waar vriendschap en vriendelijkheid floreren? Waar vrede en stilte altijd binnen handbereik zijn? Waar talloze vreugden wachten om te worden gevonden? Geloof het of niet, maar je hoeft echt niet op zoek te gaan naar het legendarische rijk van Shambhala om vrede en kalmte te vinden. Het zijn heel concrete zaken, gewoon te vinden in ons complexe eenentwintigste-eeuwse leven, in een nabijgelegen land dat het hier en nu heet. Maar het land van hier en nu – met zijn schatten aan vrede, vreugde en aandachtig leven – is vaak aan het oog onttrokken en moeilijk te vinden. Mindfulness is de loper die de deur naar deze innerlijke rijkdommen opent. Je hoeft alleen maar je geboorterecht van bewust aandachtig leven te ontsluiten om toegang tot dit land te krijgen.

Waarschijnlijk is er in de geschiedenis van de mensheid nog nooit zo'n snelle, jachtige, hectische en chaotische periode geweest als die waarin we nu leven. Al zijn we met zijn allen nog zo blij met de snelheid, verbindingen en voordelen van de hedendaagse techniek, we moeten beseffen dat het leven er ingewikkelder van is geworden en dat het een prijs heeft – waarvan het onafgebroken hoge stressniveau misschien de duidelijkste is. De meeste ziekten worden toegeschreven aan chronische stress. In de Verenigde Staten wordt minstens 50 procent van alle medicijnen gebruikt voor aandoeningen die met stress samenhangen. Het aantal depressies, angsten en verslavingen in de hele wereld heeft een ongekend hoogtepunt bereikt; naar schatting is één op de vier mensen op aarde klinisch depressief. Dit zijn maar een paar signalen (of eigenlijk meer neonborden in schreeuwende kleuren) die ons vertellen dat we een soort zijn geworden die de balans kwijt is.

Ik heb *De Mindfulness Code* geschreven voor hen die het leven leeg vinden of die uit balans zijn en meer willen. Als het je maar niet lukt om het kalmer aan te doen, als je volledig vastzit in een chaotisch leven of als je de tijd en energie mist om te doen wat je écht wilt, dan vind je in *De Mindfulness Code* praktische strategieën om de dingen een andere wending te geven.

Mindfulness in dit boek betekent meer dan slechts 'aanwezig zijn in het moment'. Aan de hand van mindfulness kun je een kijkje nemen in de ware aard van onze hebzucht en bezitsdrang, waanbeelden, onwetendheid, ontwijkend gedrag en angst. Al deze eigenschappen bezorgen ons niets dan leed. Als mens worstelen we allemaal om aan de greep van onze negatieve gevoelens en begeerten te ontsnappen. Dit betekent niet dat we slecht of verdorven zijn. Mindfulness is geen moralistische manier om ons 'goede' of 'betere' ik te helpen vinden. Wel biedt mindfulness de mogelijkheid om een minder belaste en verstrikte, meer bewuste gemoedstoestand te bereiken.

Ironisch genoeg kan je huidige geest – die al moegestreden, gekweld, bang, bezorgd is en omloopt van plannen, tobberijen en spijt – je niet helpen om een uitweg uit deze chaos te vinden. Maar met mindfulness kun je je leven op een heel andere manier onder de loep nemen. In plaats van je te laten beheersen door gedachten, gevoelens, voorwerpen en gebeurtenissen in je leven, leer je deze dingen op een niet-bedreigende manier te *observeren en onderzoeken*, met een gevoel van ruimte die bevorderlijk is voor kalmte, openheid, acceptatie, harmonie, vrede en vreugde. Daarvoor moet je het bewuste brein activeren dat je al hebt – je bent alleen vergeten of hebt misschien nooit geleerd hoe het werkt.

Gelukkig is het brein uiterst flexibel en kan het zichzelf herprogrammeren door in mindfulness te oefenen. Mensen die mediteren, vermoeden dat al jaren. Dankzij recente studies van hersenscans van monniken en anderen die mindfulness beoefenen, zijn er gegevens waaruit blijkt dat gedachten alleen al het brein op fysiek niveau kunnen vormgeven. In *De Mindfulness Code* vertel ik over belangrijk hersenonderzoek waarin is aangetoond hoe mindfulness ook echt helpt om oude gewoonten, negatieve gedachten en schadelijke overtuigingen af te zwakken en te transformeren.

De Mindfulness Code biedt een totaal andere aanpak van levensproblemen dan de meeste behandelingen in de conventionele medische wereld, waar miljoenen worden uitgegeven aan medicijnen die negatieve gevoelens in lichaam en geest moeten verminderen. Deze medicijnen, zoals Prozac en Xanax, veranderen de concentratie van neurotransmitters in de hersenen. Natuurlijk helpen conventionele medicijnen op bepaalde momenten voor de korte termijn, afhankelijk van de ernst van de toestand. Ik heb dat zelf ervaren toen ik begin twintig was en met een klinische depressie worstelde. Ook al kreeg ik valium voorgeschreven, ik gebruikte het maar zelden, alleen als ik me even wilde herinneren hoe het voelde om me niet ernstig gedeprimeerd en wanhopig te voelen. Valium was nuttig zolang ik er spaarzaam mee omging. Sindsdien ben ik zelden depressief geweest en nooit meer klinisch (in weerwil van onderzoek waaruit blijkt dat klinische depressies terugkomen). Volgens mij is mijn depressie nooit teruggekomen omdat ik allerlei oefeningen ging doen om mijn aandacht op het nu te *centreren*. Met die oefeningen kan ik mijn geest gemakkelijker observeren en mezelf trainen om me niet al te sterk te hechten aan gedachten en gevoelens die boven komen. *Bewust Aandacht in het Nu Centreren*, of *I-CAN* (*intentionally centering attention now*), is een brede term die ik heb verzonnen om aan te duiden hoe mindfulness en meditatie werken. Zo kunnen we onze emoties reguleren die op hun beurt vreugde, levenslust en flexibele omgang met onze ervaringen voeden. Als je lessen in mindfulness en -strategieën oefent, leer je hoe deze vier kenmerken van Bewust Aandacht in het Nu Centreren de katalysator zijn voor een bewust leven.

Bewust, het eerste kenmerk, is het aspect van de geest waarmee we onze doelen stellen. Zonder doelen kunnen we niet effectief zijn. Dit betekent dat we doelgericht bewust kunnen leven. Alles wat we hebben bereikt of in ons leven hebben gebracht, is mogelijk geweest omdat we een intentie hadden geformuleerd. Dat kan van alles zijn: van een baan of een partner vinden tot een opleiding volgen of een auto kopen. Intentie is de motor achter inspanning, de initiële vonk van energie, enthousiasme, visie en doel. Als we onze aandacht inzetten om wakkerder en bewuster te leven, verlaten we het platgetreden pad van oude gewoonten en routines. Intentie zoals bedoeld in *De Mindfulness Code* is een krachtig middel tot verandering.

Centreren, het tweede kenmerk, gaat over handhaving van de homeostase tussen lichaam en geest. Dat is te vergelijken met een thermostaat, die ervoor zorgt dat de temperatuur van een kamer of oven constant blijft. Door te centreren, kunnen we de spanningen in de innerlijke en de buitenwereld eerder herkennen en er beter op reageren. De innerlijke wereld wordt gevormd door onze gedachten, oordelen, waarnemingen, begeerten, verlangens en emoties. De buitenwereld bestaat uit verschillende omgevingen, activiteiten, prikkels en stressoren. Centreren gaat om het cultiveren van een meelevende en ruimhartige houding ten aanzien van al onze ervaringen en emoties. Een open, meelevende houding helpt ons vast te stellen waar we vrede, balans, opgewektheid, harmonie, gelijkmatigheid en hoop kunnen vinden. Door te centreren, raken we niet verstrikt in de extremen van dwangmatig verlangen, verslaving en hebzucht aan de ene kant en mijdgedrag, afkeer en angst aan de andere kant. Centreren betekent niet dat we ongewenst leed altijd kunnen veranderen, maar wel dat we problemen in het leven gemakkelijker accepteren en ermee leren omgaan.

Het derde kenmerk, *aandacht*, gaat over een aantal manieren om de aangeboren heilzame vermogens van onze hersenen te scherpen. Dat begint het met cultiveren van een neutraal, niet-oordelend bewustzijn waarmee we gebeurtenissen kunnen zien en observeren zonder ons daaraan te hechten. Bewuste aandacht is ook nodig om ons te concentreren en gefocust te blijven, een doelgerichte intentie te bepalen en om door observatie een grote nieuwsgierigheid naar alle dingen te kweken. Op praktisch niveau is aandacht een noodzakelijke vaardigheid in het leven, anders kunnen we onze taken niet afmaken en geen middelen lokaliseren. Zonder aandacht is er ook geen contemplatie, inzicht en wijsheid mogelijk. In een wereld waarin diverse media constant onze aandacht opeisen, is beheersing van onze aandacht van onschatbare waarde en de moeite waard om te cultiveren en te beschermen.

Het laatste kenmerk, *nu*, is heel belangrijk om het moment werkelijk te kunnen beleven en eraan deel te nemen. In het nu beseffen we dat we leven en wordt ons vermogen tot verwondering en vreugde gestimuleerd. Door in het nu te leven, kunnen we ons hart en onze geest wijd openstellen. Zo kunnen we op elk nieuw moment flexibel denken en handelen. Als we soepel en flexibel zijn, kunnen we ons losmaken van het filter van oude gewoonten of mentale patronen die het bestaande moment binnendringen. De waarde van aanpassingsvermogen is ook dat *er niet slechts één manier is voor Bewust de Aandacht Centreren in het Nu*. De combinatie van deze vier kenmerken – intentie, centreren, aandacht en aanwezig zijn in het nu – is de mindfulness-strategie in dit boek. Het is een verfrissende en gezonde methode om jezelf te versterken en je emoties en gedachten – en neurotransmitters – in balans te brengen.

Alles draait om verbinding

De hersenen en het lichaam van de mens zijn de afgelopen honderdduizend jaar weinig veranderd, maar de technologische vooruitgang in slechts honderd jaar tijd heeft ons aanpassingsvermogen letterlijk ingehaald. In *De Mindfulness Code* leer je je hersenen zo te gebruiken dat je een gezonde balans in je leven vindt én houdt, ook al maak je deel uit van wat ik graag de 'Generatie Tekst' noem. Misschien begin je je langzamerhand ook zorgen te maken over de ethiek en de leefstijl van de 24-uurseconomie, het feit dat het op veel plekken in de wereld nooit meer donker en stil is, de verbijsterende groei van de industrialisering, de enorme efficiency en het tempo waarin we leven. De combinatie van al deze factoren maakt dat de diepste verbindingen die we als menselijke gemeenschap ter beschikking hebben, ernstig worden verzwakt of mogelijk zelfs bedreigd.

De twee belangrijkste verbindingssoorten weerklinken in heel dit boek. De ene is onze verbondenheid met de natuur en de niet-menselijke wereld. Het gaat om oeroude, tijdloze bronnen. Daaruit putten onze voorouders wijsheid, troost, betekenis, waardering, ontzag, dankbaarheid, nederigheid en het goddelijke. Ze beschouwden die bronnen als een schatkamer van helende krachten voor lichaam en geest. Op allerlei manieren onderzoek ik in *De Mindfulness Code* hoe we onze verbondenheid met de natuur kunnen hervinden en versterken om een toestand van evenwicht en innerlijke rust te bereiken.

De tweede verbindingssoort gaat over onze relatie met anderen, de verbindingen die niets minder doen dan de talloze delicate neurale netwerken in onze eigen hersenen vormgeven. Deze verbindingen in de hersenen bepalen letterlijk hoe we de wereld ervaren. Uit de nieuwste hersenonderzoeken leren we dat wie we zijn, voor een groot deel wordt bepaald door de kwaliteit van onze persoonlijke relaties. Relaties die koesterend en verrijkend, positief, veilig en geborgen zijn, brengen een brein voort dat meer vertrouwen heeft en beter met anderen kan communiceren om zijn behoeften te bevredigen. Zo'n brein kan ook met anderen meeleven en heeft inzicht in hun gevoelens. Dit soort vermogens wordt in de hersenen geprogrammeerd, maar het kost tijd om ze te ontwikkelen, vooral in jonge hersens. In dit boek wordt telkens gebruik gemaakt van het modernste onderzoek. Daaruit blijkt dat hersenen waarin deze interpersoonlijke neurale netwerken niet worden gevormd, er bijvoorbeeld onder kunnen leiden dat het empathisch vermogen wordt afgestompt (zodat iemand gezichtsuitdrukkingen mogelijk niet kan interpreteren). De aandacht versnippert en gevoelens raken verdoofd of zijn juist heel moeilijk te beheersen.

Daarnaast zijn de psychische gevolgen van een overstimulerende omgeving op allerlei manieren onderzocht; bij een recente studie van de American Psychological Association bijvoorbeeld, werd een taakgroep ingesteld die de seksualisering van meisjes in de media onderzocht. De groep bestudeerde wat het effect van seksuele beelden in alle vormen van media was – van muziekvideo's tot tijdschriften en televisie – op meisjes en jonge vrouwen. Het is geen verrassing dat uit het rapport bleek dat de kans op een laag gevoel van eigenwaarde, een gedeprimeerde stemming of klinische depressies en eetstoornissen in deze kwetsbare bevolkingsgroep (eigenlijk zijn ieders hersenen kwetsbaar) groot was.

De mindfulness-strategieën in dit boek zijn ontworpen om onze belangrijkste verbindingen te herstellen. Het is niet de bedoeling dat we ons dagelijks laten conditioneren door een lawine aan audiovisuele en andere boodschappen die ons via de zintuigen bereiken. Als we ze hebben waargenomen, verlangen we alleen maar dingen die grote bedrijven tevreden moeten stellen. In plaats daarvan kunnen we gaan werken aan zelfbewustzijn, onderscheidend vermogen, vriendelijkheid en geluk. Mindful zijn betekent dat onze hersenen fysiek worden beïnvloed en gevormd door dat waar we ons bewustzijn en onze aandacht op *wensen* te richten.

Cliënten die bij mij in psychotherapie zijn, zijn altijd erg opgelucht wanneer ik hun vertel dat je de balans en harmonie in lichaam en geest op een natuurlijke manier kunt herstellen. Als we eenmaal hebben geleerd niet meer met onze geest te vechten en die rust gunnen, ontdekken we dat de geest het kalme, verfijnde en zuivere vermogen heeft om ons een diep en blijvend gevoel van geluk en sereniteit te geven. *De Mindfulness Code* biedt een hoopvolle, effectieve manier om met de stress van de eenentwintigste eeuw om te gaan. Boeddha zegt het als volgt in de Dhammapada, 'de weg van de waarheid':

De geest is de voorloper van alle handelingen.
Alle daden worden geleid door de geest, geschapen door de geest.
Als iemand spreekt of handelt met een verdorven geest,
volgt lijden,
zoals het wiel de hoef volgt van de os die de wagen trekt.

De geest is de voorloper van alle handelingen.
Alle daden worden geleid door de geest, geschapen door de geest.
Als iemand spreekt of handelt met een serene geest,
volgt geluk,
net zo zeker als je schaduw jou volgt.

Vier sleutels van het raadsel mindfulness

De eerste keer dat mensen zich in mindfulness verdiepen, vinden ze het vaak volstrekt onbegrijpelijk. Ik vergelijk mindfulness wel met de lucht: die is overal om ons heen, maar tegelijkertijd onzichtbaar. Het is mijn bedoeling om mindfulness, of manieren om bewust de aandacht in het nu te centreren, in *De Mindfulness Code* concreet te maken. Ik geef daarbij vier sleutels waarmee je direct bewust van moment tot moment kunt leven: de sleutel tot het verstand, het lichaam, de geest en relaties. Elke sleutel opent het hart van mindfulness en verlicht de aspecten van je leven die je met groter bewustzijn kunt ervaren.

Dit boek bestaat uit vier delen, voor elke sleutel een. Je kunt de sleutels een voor een afwerken of de sleutels afwisselen. Elke sleutel bevat elf praktische strategieën waarmee je een fundamenteel andere manier van zijn en leven kunt leren. Gebruik de strategieën zo vaak als nodig is. In totaal zijn dat vierenveertig strategieën. Ik raad je aan om ze een voor een rustig te leren kennen. Het is niet de bedoeling dat deze oefeningen een gat in je dag slaan of je agenda nog voller maken. Ze zijn juist bedoeld om je bewust te maken van het leven dat je al leidt. Je zult al snel leren hoe je kalmte, vrede en vreugde in elk moment kunt brengen, zelfs midden in de chaos en een leven vol wanorde.

In Deel I, 'De geestessleutel', komen strategieën aan de orde die je hersenen van binnenuit veranderen. Als je mentale processen – het vluchtige van onze gedachten, overtuigingen, emoties, waarnemingen en identiteit die onze mentale en psychische realiteit vormen – rechtstreeks observeert, programmeer je je hersenen opnieuw. Daarmee krijg je een nieuw perspectief op moeilijke gevoelens zoals verdriet, woede, jaloezie en wanhoop. Strategieën in dit deel zijn bijvoorbeeld de geluk voortbrengende oefening van liefdevolle vriendelijkheid, diepe acceptatie van het moment, oeroude methoden om het reactieve en angstige brein te doordringen van grotere vrede, geborgenheid en vertrouwen.

Deel II, 'De lichaamssleutel', richt zich op gebruik van het lichaam om terug te keren naar het moment. Je verstand en gedachten kunnen nog zo vastzitten in het verleden of de toekomst, elke keer als je bewust in je lichaam zit, ben je eerlijk en onmiskenbaar in contact met het hier en nu. De 'lichaamssleutel' bevat strategieën als bewust ademhalen, aandacht voor de overgang tussen bewegingen, het herzien van pijn, gebruikmaken van gevisualiseerde genezing en het lichaam van moment tot moment voelen. De belangrijkste 'zintuiglijke vermogens' die we in dit deel bespreken, veranderen letterlijk je leven als je ze trouw oefent.

Hiermee kun je je onrust, zorgen, eindeloos tobben, verwijten, schaamte en angsten ontstijgen. Dan sta je open voor de mogelijkheden en flexibiliteit van het hier en nu.

Deel III, 'De zielsleutel', maakt gebruik van ons aangeboren vermogen om diepe betekenis en spirituele verbinding te vinden. Geen enkele methode is zo geschikt als mindfulness om ons inzicht te geven in het diepe mysterie en de schoonheid van ons innerlijk bewustzijn en de natuurlijke buitenwereld. De strategieën in dit deel maken je meer bewust van de mythische symbolen die al in je leven voorkomen. Ze inspireren je om weer in verbinding te komen met – en je te verwonderen over – de ongerepte plaatsen die om ons heen te vinden zijn maar die we vaak niet opmerken. Je ontdekt wat een kracht het geeft als je het rustiger aan doet en je spirituele bewustzijn stimuleert met vibratie en woorden. Daardoor komt er een onbegrensd creatief potentieel vrij. Met inzichten en wijsheden die het leven bevestigen, heft deze sleutel de angst voor leegte, gebrek aan zingeving en creatieve blokkades op.

Deel IV, 'De relatiesleutel', biedt heel praktische strategieën om te werken aan zinvolle, duurzame relaties. In diepste wezen draait het leven om relaties en ervaringen. Het is inmiddels wetenschappelijk bewezen dat genen aan- en uitgeschakeld worden door hun omgeving. Gezonde relaties bieden hoop en steun, waardoor we ons beter realiseren dat we deel uitmaken van een gemeenschap die samenwerkt om leed en onwetendheid te verminderen. De gemeenschappelijke, maatschappelijke aspecten van mindfulness zijn heel belangrijk, want ze helpen ieder van ons beter af te stemmen op rechtvaardigheid, medeleven en diversiteit. Je leert strategieën waarmee je eenzaamheid overwint, empatischer wordt, meer openstaat voor anderen en misstappen uit het verleden vergeeft. Pas dan kun je weer leven en vertrouwen.

Laat me je waarschuwen dat je misschien beduidend gelukkiger bent als je de sleutel tot mindfulness hebt gevonden. Je maakt je misschien minder zorgen over dingen die in het nieuws zijn of je hoeft het nieuws niet eens meer te zien. Wie weet stop je je mobiele telefoon weg, schrijf je minder sms'jes en besteed je meer tijd aan persoonlijke relaties met mensen om wie je geeft. Het kan zomaar zijn dat je buiten blijft stilstaan om aan de rozen te ruiken, naar het gefluit van vogels te luisteren of een interessante conversatie te voeren met een wildvreemde.

Misschien denk je nu: *dat meen je niet. Ik kom tijd te kort om mijn werk af te maken en nu laat je me stilstaan om aan de rozen te ruiken? Wie heeft de hele dag de tijd om met zijn partner, kinderen of vrienden te praten? Ik weet ook niet of ik dat wel echt wil, want iedereen is net zo gestrest als ik! En wat het nieuws betreft, daar moet ik voor mijn werk wel naar kijken. Trouwens, ik sms en surf op mijn mobieltje graag op het net. Eigenlijk raak ik bij de gedachte aan al die mindfulness-strategieën al gestrest!*

Het zou me dan ook verbazen als je *niet* onrustig werd bij de gedachte de gewoonten in je leven te moeten veranderen. Zo'n reactie is heel normaal en ik heb die van honderden mensen gehoord, van de zorgverleners die ik in workshops opleid tot de cliënten met wie ik individueel in mijn praktijk werk. Ik heb ook gehoord hoeveel energieker, productiever en intens voldaan mensen zich voelen nadat ze veranderingen hebben doorgevoerd en mindful gaan leven.

Zet even je vrees opzij dat mindfulness je lui maakt of dwingt om je computer en andere hightechapparaten bij het oud vuil te zetten. Het is juist zo dat je door een intenser bewustzijn ook een breder scala aan keuzen tot je beschikking krijgt *die je al bezit.* Dat zijn doelgerichte, opzettelijke keuzen, gebaseerd op de hernieuwde verbinding met je eigen menselijkheid en individualiteit. Het zijn geen keuzen op basis van grillen, verlangens en bedoelingen van anderen, zoals bedrijven. Ik ken veel hardwerkende mensen die op een meer bevredigende, vreugdevolle, meelevende en creatieve manier hun drukke dagen doorkomen met behulp van mindfulness. Je hebt beslissingen over grenzen die nodig zijn om een verstandig, evenwichtig leven te kunnen leiden, altijd zelf in de hand, zelfs als je gebruik wilt maken van de nieuwste technologie. Het gaat erom dat het je eigen keuze is.

In dit boek vertel ik telkens verhalen die tot nadenken stemmen. Reflectie en contemplatie zijn belangrijk, omdat ze een ander aspect van mindfulness vertegenwoordigen. Dat is een verrijkend aspect, omdat het uitnodigt tot doelgericht en zinvol handelen. Ik herinner me een cliënt, Steven (ik heb de namen van al mijn cliënten veranderd), die vanwege zijn woedeaanvallen een stressvolle baan was kwijtgeraakt. Steven legde me in onze eerste sessie uit dat hij zijn gedachten maar met moeite voor zich kon houden, vooral als hij overstuur was of vond dat hij werd bekritiseerd. Na een aantal weken oefenen met mindfulness – en hij deed heel erg zijn best – kwam Steven bij me terug en vertelde hoe mindfulness zijn gewoonlijk negatieve reacties had omgezet in positieve. Voor het eerst in zijn leven voelde hij zich vrij om te kiezen hoe hij zou handelen. Hij kreeg een breder perspectief op zijn vorige baan en zijn woedeaanvallen. Hij had nu meer controle over zijn gevoelens. Steven ging er ook aan werken om beperkende gedachten op andere terreinen te overwinnen. Toen hij zijn automatische reacties had uitgeschakeld, verbeterden de relaties met zijn vrouw en anderen aanzienlijk. En hij ging op zoek naar een zinvollere carrière.

Bewust je Aandacht Centreren in het Nu is geen wondermiddel of iets wat van buitenaf op je inwerkt. Het is meer dat je terugkeert naar je zintuigen, een manier om thuis te komen bij het krachtige instrument van bewustzijn, dat ons geboorterecht is. Ieder van ons is geboren met een perfect ontworpen vermogen om volledig in het heden te kunnen zijn. Kijk maar eens hoe opgetogen een peuter kan zijn over het simpelste voorval. Mindfulness wekt je vreugdevolle ik weer tot leven door je gewoontegedachten en overtuigen, die verdoofd, gecensureerd, geblokkeerd of geremd zijn, opnieuw te programmeren.

Zelfs als je leven met een snelheid van honderdzestig kilometer per uur verloopt of als je je hopeloos voelt en vastzit, wacht je vreugdevolle ik in jezelf. Denk aan mindfulness als een meesterlijke vaardigheid die je diepe, oprechte ik raakt, het ik dat weet wat het belangrijkste is. Die ik wacht op jou en heeft je nooit opgegeven. Doe het eens rustiger aan, zodat je de strategieën in dit boek kunt toepassen. Dan vind je vanzelf die ik, stralend, ruimhartig en kalm als altijd.

Ik hoop dat dit boek een sprankje vrede, een groter bewustzijn, meeleven en hoop in je dag en je wereld zal brengen. Mogen we deze reis naar een aandachtiger, bewuster bestaan samen maken, stap voor stap, moment voor moment.

DEEL I

DE GEESTESSLEUTEL

We bespreken in dit deel een aantal leerstellingen die de sluiers rond de geest weg moeten nemen, zodat de helderheid de ruimte krijgt. Deze helderheid is de code waarmee de hersenen door onwetendheid en misvattingen dringen. Begin niet met bepaalde verwachtingen aan de leerstellingen van de geestessleutel. Een frisse, onbevangen aanpak is het beste uitgangspunt.

1. Aanvaard dit moment

Het vervelende van de alledaagse realiteit is dat die voor een groot deel saai is. Daarom hebben we lang geleden besloten om naar iets beters op zoek te gaan.
Charles Tart

Weet je nog wanneer je voor het laatst niet wilde zijn waar je was? Hoe vaak heb je een dergelijk moment niet als vervelend afgedaan met het idee dat het ergens anders vast veel beter en bevredigender was? Misschien wilde je niet in weer zo'n akelige vergadering zitten en dwaalden je gedachten dus af naar je plannen voor het weekend. Misschien lag je relaxt op het strand op een vakantie waar je al tijden behoefte aan had, en bedacht je opeens dat het uitzicht vanaf het hotelterras veel mooier zou zijn. Dus pakte je je parasol, handdoek en zonnebril in, alleen maar om tot de conclusie te komen dat het daar te koud of te lawaaiig was en je dus weer naar een andere plek vertrok. Of misschien stond je op een feestje met iemand te praten terwijl je wilde dat je ergens anders was, met iemand anders. Misschien gebeurt het wel terwijl je deze zin leest – ik vat het niet persoonlijk op, want ik heb het zelf ook gedaan.

Op een lentedag, wanneer de zon eindelijk door de wolken breekt, snak ik na een ochtend vol afspraken met cliënten naar een korte mindful wandeling in de buitenlucht. Ik heb het gevoel dat ik dat moet doen omdat ik me niet gecentreerd voel en het me de grootste moeite kost om rustig te blijven en mijn aandacht erbij te houden. Die kans krijg ik wanneer een cliënt afbelt voor een afspraak in de middag. Het is een wandeling heuvelafwaarts, een paar straten van mijn kantoor naar de spichtige populieren die langs de oevers van de rivier de Willamette staan. Het donkere blauwgroene water staat hoog en stroomt snel, en verspreidt kleine schuimkopjes tussen de beide oevers. Een nabijgelegen groen veld ziet eruit als de ideale plek voor een mindful wandeling. En dus begin ik te lopen.

Eerst haal ik een paar keer diep adem en neem dan bewust de beslissing om mijn eerste stap te zetten. Ik trek mijn rechterbeen op en zet hem voor me neer, maar nog voordat mijn hiel de grond raakt, zijn mijn gedachten alweer bij een eerdere interactie met mijn cliënt van die ochtend. Weer besluit ik bewust om een stap te zetten, nu met mijn linkerbeen. Nauwelijks heb ik die opgetild of ik merk dat het koud is buiten. 'Dit voelt niet prettig,' denk ik en vervolgens: 'Ik had een jasje aan moeten trekken.'

En zo gaat het maar door. De eerste vijf minuten blijft mijn rusteloze geest me storen. Elke stap neem ik bewust en ik probeer mijn actieve geest te blokkeren. 'Til je voet op, beweeg hem naar voren en zet hem neer, verplaats je gewicht.' Dat instrueer ik mijn lichaam. Elk kleinste geluid of iets wat ik zie, neemt mijn zintuigen in beslag. Mijn hoofd vult zich met conversaties die nog niet hebben plaatsgevonden en dingen die nog niet zijn gedaan.

Op zeker moment krijg ik een vluchtige gedachte, zo stiekem dat die me vroeger zou zijn ontgaan. Ik zou de opdracht gedachteloos hebben uitgevoerd als iemand die in een diepe hypnotische trance is. 'Ga terug naar je kantoor en mediteer daar,' fluistert de gedachte verleidelijk. 'Dat is beter, want daar is minder afleiding.' Mijn lichaam staat stil en volgt de instructie al bijna op als de woorden zich in mijn bewustzijn uitkristalliseren. Bewegingloos sta ik op het grasveld en begin hard te lachen. 'Deze wandelmeditatie is dus niet goed genoeg,' peins ik inwendig. 'Ik moet er dus van afzien voor iets beters, warmers en comfortabelers, dat minder afleidt!'

Op dat moment is er de wetenschap dat dit de 'zodanigheid' van mijn leven is. Zodanigheid betekent in aanraking komen met de waarheid van de dingen, dat dit is zoals het is. Dit is het enige moment dat ik heb, want een ander is er niet. Deze zodanigheid schudt me wakker als een elektrische flits die plotseling verlicht wat een moment eerder nog in duisternis was gehuld.

Ik begin weer te lopen, deze keer volledig in het moment en in volkomen aanvaarding van wat hier voor me ligt: elk uniek sprietje gras, de koele bries die langs mijn wangen strijkt, de schaterlach van de kinderen in een parkje vlakbij, dat telkens in mijn oren opstijgt als het refrein van een lied. Ik merk hoe ik met elke stap op de oneffen grond een andere richting uit word getrokken. De waarheid dringt tot me door dat ieder van ons zijn eigen oneffen pad bewandelt. Door dit inzicht dat ik mijn authentieke pad bewandel – ongeacht alle verdriet en worsteling – word ik getroost en heb ik vrede met de onzekerheid over deze reis. Ik heb het gevoel dat mijn pad genoeg is. Het hoeft niet uit meer of minder te bestaan. Het hoeft nergens anders te lopen.

In de volgende twintig minuten mindful wandelen vallen tijd en ruimte weg. Er is alleen ik, het gras, de wind, de populieren en de rivier. Er is vrede. Terug in mijn kantoor ben ik weer helemaal klaar om te luisteren en kan ik aanvaarden dat ik hier en nergens anders ben. Toch is deze aanvaarding niet hetzelfde als berusting. Aanvaarding betekent in deze context niet dat ik het opgeef of berust in een verdriet, depressie, verslaving, een uitzichtloze baan of welke andere omstandigheid dan ook. Het is eerder een bevrijdende acceptatie, waardoor je getuige kunt zijn van de waarheid en schoonheid van dit moment, welk etiket (goed, slecht, prettig, onprettig) je er ook op plakt. Vraag je dus de volgende keer dat het bestaande moment je tegenstaat, af waar je voor weg loopt en waarom. Misschien is de realiteit niet leeg, onaantrekkelijk, stompzinnig, onrechtvaardig of saai, maar moet je je geest scherpen. Een open bewustzijn is de scherpe kant van een scheermes, iets wat iedereen bezit en meteen kan gaan gebruiken. Het kost tijd om dit bewustzijn te cultiveren, dus geef het niet op. Je kunt met de volgende eenvoudige oefening beginnen.

Stop de volgende keer dat je je ongeduldig of slecht op je gemak voelt, met wat je aan het doen bent en ren niet meteen naar iets anders. Stel gewoon vast welke gevoelens (bijvoorbeeld frustratie, ongeduld, verveling) of gedachten aan je weerzin of ontkenning van de situatie voorafgingen. Vraag jezelf bijvoorbeeld: wat ervaar ik nu precies? Probeer eens of je elk moment kunt aanvaarden zoals het is. Dit betekent niet dat je een oordeel moet vermijden, want dat is vrijwel onmogelijk, maar dat je je oordeel opmerkt. Als je dat doet, hoe kort ook, scherp je je bewustzijn en kweek je de bereidheid om te accepteren wat er in je huidige leven is. En dat is iets geweldigs!

---

2. Word wakker uit je fantasiedromen

Waanbeelden zijn onuitputtelijk:
ik beloof plechtig dat ik daaraan ontstijg.
Bodhisattva-gelofte

McDonald's zal nooit zoveel hamburgers op een dag verkopen als er fantasieën zijn op een planeet met ruim zes miljard mensen. Het voorwerp van fantasieën wekt meestal gevoelens, begeerten, verlangens en waanbeelden op die ons alle kanten op trekken. In wezen leiden fantasieën ons alleen maar af en stelen kostbare tijd die we beter aan het bestaande hier en nu kunnen besteden. Het idee dat je vastklampen aan een fantasie helpt om aan verdriet te ontsnappen, is ook een fantasie.

Boddhisattva is een term uit het Sanskriet die kan worden vertaald als 'bewust wordend wezen': het refereert aan iemand die onbevreesd belooft om naar verlichting te streven en zo het leed in de wereld te verminderen. Je hoeft geen boddhisattva te zijn als je je bewust wilt worden van allerlei soorten leed, zoals waanbeelden, onwetendheid, fantasie, egocentrisme, hebzucht, afgunst, jaloezie en haat. Maar bewustwording is moeilijk, met al die fantasieën waarin we ons maar al te gemakkelijk kunnen terugtrekken. Escapisme neemt allerlei vormen aan en fantasieën zijn soms een gevaarlijke of zelfs levensbedreigende vorm van ontkenning. Het is al een goed begin als je dat ten minste weet.

Momenteel begeleid ik een groep van negen patiënten met een eetstoornis in een kliniek van het Providence St. Vincent Hospital in Portland, Oregon. Het zijn tienermeisjes en jonge vrouwen met anorexia nervosa of boulimia nervosa, aandoeningen die zo gevaarlijk zijn dat het sterftecijfer onder anorexiapatiënten twaalf keer zo hoog is als het sterftecijfer voor alle andere doodsoorzaken bij vrouwen van 15-24 jaar, volgens het National Institute of Mental Health. Al na een paar minuten is duidelijk dat mijn groep snel is afgeleid en het moeilijk heeft. Wanneer ik vraag wat er aan de hand is, zeggen ze dat ze zich ellendig voelen omdat ze 'vastzitten in gedachten over eetstoornissen'. Dus stel ik voor dat we iets anders doen, namelijk de ruimte waarin we zitten heel anders gaan zien. Velen van hen protesteren dat ze de ruimte al kunnen uittekenen (dat denken ze althans). Na een korte discussie willen ze het uiteindelijk wel proberen en de ruimte met een open en nieuwsgierige geest bekijken. Wat ze niet weten, is dat ze op het punt staan om een mindfulnessoefening te doen die is bedacht om hen te verankeren in het moment.

Eerst halen we samen een paar keer rustig adem. Dan leid ik hen een kwartier de ruimte rond. Ik heb de opdracht gegeven om heel goed op elk klein detail te letten, zoals haarscheurtjes in de vloer, de vorm van de tafel- en stoelpoten en kleine kleurvariaties in de muren, deuren en notitieblokken. Ik vraag hun ook om goed op elke beweging van hun armen en voeten te letten terwijl ze lopen. Ze luisteren naar de geluiden die af en toe in en buiten de ruimte klinken, en naar het geluid van hun eigen ademhaling, bewegingen en voetstappen. Op een gegeven moment laat ik hen hun ogen dichtdoen terwijl ze een bekend voorwerp (bijvoorbeeld een sleutel, pen, notitieblok of een tasje) aan iemand anders geven. Deze persoon voelt hoe zwaar het is, of het koud of warm is, hard of zacht. De ruimte is in stilte gedompeld terwijl ze opzettelijk onopvallend en doelgericht de ruimte rondlopen.

Wanneer ik hun ten slotte vraag weer te gaan zitten, is het eerste wat hen verbaast dat er zo veel tijd is verstreken. Als iedereen weer zit, stel ik een bedrieglijk simpele vraag: waar waren jullie gedachten over eetstoornissen het afgelopen kwartier? Stilte en een uitdrukking van geschokte verbazing op het gezicht van de meisjes zijn het antwoord. Niet een van hen speelt met een notieblok of krabbelt op een stukje papier – wat normaal veel gebeurt. Ze zijn zo bewust en zo aandachtig aanwezig dat het lijkt of ze uit een trance zijn gekomen.

Een ogenblik later steekt een jong meisje haar hand op. Het lijkt wel of ze een soort openbaring heeft gehad. 'Voor het eerst heb ik het gevoel dat mijn gedachten over mijn eetstoornis een droomwereld of een fantasie zijn. Ik heb het gevoel dat ik die wereld heel even heb verruild voor de echte wereld,' zegt ze. Een ander meisje steekt haar hand op en verklaart: 'Plotseling realiseer ik me dat ik in de droomwereld van mijn eetstoornis heb geleefd en dat ik het vervelend vind als die wordt verstoord.' Anderen komen met hetzelfde verhaal, dat ze zich geërgerd en ongemakkelijk voelen als hun fantasie wordt onderbroken. Heel even betekent dit een overwinning voor de meisjes. De meesten van hen leven in een wereld waarin hun vervormde gedachten en emoties over hun lichaam en rigide opvattingen over voedsel en eten de kostbare uren en dagen van hun leven opslokken. Het is moeilijk om door te dringen in fantasieën die te maken hebben met anorexia en boulimia, maar de oefening van vandaag biedt de hoop dat iedereen zich kan bevrijden van ondermijnende automatische gedragingen, gedachten en verslavingen, al is het maar een ogenblik. Vandaag hebben deze meisjes die mogelijkheid heel direct ervaren.

Fantasieën dienen weliswaar soms een creatief en nuttig doel, maar kunnen ook een vlucht zijn die verhindert dat we volop in het heden leven. Welke dagelijkse en wekelijkse fantasieën bevolken jouw mentale ruimte? Hoe reageer jij wanneer jouw fantasieën worden verstoord? Als je je geest betrapt terwijl je fantaseert, word je misschien boos of overstuur. Wie weet word je alleen al geboeid door de hoeveelheid en het soort waanbeelden die je hersenen kunnen creëren. Het kost tijd om je bewust te worden van je fantasieën. Heb dus een beetje geduld met de volgende mindfulnessoefening waarmee je de fantasieluchtbel kunt doorprikken en kunt deelnemen aan het huidige moment.

Tel eens hoeveel fantasieën je op een bepaalde dag hebt gehad en waar ze over gingen. Wanneer je merkt dat je fantaseert, kun je naar het bestaande moment terugkeren door de aandacht op je omgeving te richten. Let op de kleuren, vormen, geluiden, geuren en alles wat je opmerkt. In de auto kun je bijvoorbeeld je handen op het stuur voelen, kijken hoe het weer is en luisteren naar het geluid van de banden op het wegdek. Als je merkt dat je overstuur bent, oordeelzuchtig of jezelf kwalijk neemt dat je fantaseert, bedenk dan dat een fantasie of welke gedachte dan ook niet per se een feit is. (Dat je denkt dat je een roze olifant bent, betekent niet dat het ook waar is – dat is althans niet te hopen!) Door zo op je fantasieën te letten, leer je meer over je geest en jezelf. Bovendien wijs je jezelf er vriendelijk op om meer in het heden te leven.

---

3. Schep ruimte tot het door je ego gedomineerde zelf

O, ik inhaleer niet.
William Stafford, op de vraag hoe hij omging met aanbidding en roem

Waarom lijden mensen en veroorzaken ze leed zoals geen ander levend wezen dat lijkt te doen? Het is soms of we kennelijk in de meest dramatisch soapserie van het universum moeten spelen. Als er een interstellaire televisieserie bestond met de naam *Aarde: de reality show*, zou die waarschijnlijk enorme kijkcijfers halen in de hele Melkweg en daarbuiten. Maar misschien hoeft dat niet ons lot te zijn.

Of je het nu ego noemt (zoals Freud deed), het pijnlichaam (zoals Eckhart Tolle doet) of het zelf (zoals boeddhisten altijd hebben gedaan), een deel van het menselijk bewustzijn heeft tot taak een zelfgevoel te scheppen dat ons scheidt en onderscheidt van anderen. Het menselijk brein is gemaakt om een identiteit te vormen. Bij dit vermogen om een solide zelf te scheppen, zijn allerlei delen van de hersenen betrokken. Vooral de linker hersenhelft is daar heel goed in, mentale plattegronden maken en verhalen over ons leven in elkaar knutselen. Deze helft doet het zware tilwerk als het gaat om het ondersteunen van het zelfbeeld, of ik, waarmee we ons sterk identificeren. Jill Bolte Taylor, een neuroanatoom die aan Harvard is afgestudeerd, beschrijft in haar boek *Onverwacht inzicht* hoe ze heeft ervaren dat dit geïndividualiseerde zelf verloren ging toen ze een bloeding in haar linker hersenhelft kreeg. Door deze ervaring begreep ze beter wat er gebeurt wanneer het gevoel van 'ik eerst' in de linker, onderscheidende hersenhelft iemands realiteit totaal niet meer domineert. Volgens Taylor produceert de dominantie van de linker hersenhelft 'extreem rigide denkpatronen die analytisch kritiek zijn (extreem linker hersenhelft). Als we een gezond evenwicht creëren tussen onze twee karakters, blijven we cognitief flexibel genoeg om verandering te kunnen verwelkomen (rechter hersenhelft) en toch geaard genoeg om een bepaald pad te vervolgen (linker hersenhelft).'

Ik zeg niet dat we geen afzonderlijk ego-zelf nodig hebben om in onze behoeften te voorzien en in de wereld te kunnen bestaan. Ik wil best bekennen dat mijn moeder nog altijd tegen me zegt dat ik heel bijzonder ben, en dat vind ik fijn om te horen. Vanuit het gezichtspunt van een moeder geldt dan ook dat ze een bijzonder zelf ter wereld brengt en daar een naam aan geeft, en dat een 'IK-identiteit' met een hoofdletter heeft. Dat neemt niet weg dat we ons ik-gericht bewustzijn kunnen compenseren met een ruimer, mindful bewustzijn, dat de belofte in zich draagt van meer tevredenheid, geluk en een enthousiaster leven. Deze verschillende vormen van bewustzijn hoeven elkaar niet uit te sluiten; we kunnen ze integreren, waardoor we meer innerlijke vrede en een gezonder idee over onze plaats in de wereld krijgen. (Zie hoofdstuk 10, 'Stel je open voor je ware aard', waarin we een gedecentraliseerd verhaal onderzoeken dat is losgekoppeld van het ik-mij-mijn-perspectief.)

Nu wetenschappers met ingewikkelde beeldapparatuur een kijkje in de hersenen kunnen nemen, bijvoorbeeld met een fMRI-scanner (functional Magnetic Resonanance Imaging), hebben we nieuwe informatie over de manier waarop een mindful bewustzijn de hersenen beïnvloedt. Zelfs een paar monniken van de Dalai Lama zijn in zo'n reusachtige donutvormige fMRI gerold. Volgens dr. Richard Davidson, directeur van het laboratorium voor affectieve neurowetenschap aan de universiteit van Wisconsin waar dergelijk onderzoek naar hersenen en mindfulness wordt gedaan, zijn deze monniken misschien wel de vredigste en gelukkigste mensen van de wereld. Maar zo zijn ze niet geboren. Door hun systematische training in meditatie over compassie hebben ze een manier onder de knie gekregen om afstand te creëren van hun reactieve zelf dat door het ego wordt beheerst. 'Iedereen die zegt dat meditatie ontspanning is, weet niet waar hij het over heeft. Het is hetzelfde als de loop van een rivier veranderen,' zegt Davidson, die zelf een intensieve meditatietraining heeft gevolgd in India.

Mede dankzij Davidsons werk heeft men kunnen vaststellen welke schakelingen in de hersenen geluk, tevredenheid en welzijn stimuleren. Hij heeft aangetoond dat geluk te leren is. Uit onderzoek blijkt dat de linker prefrontale cortex – het gebied links achter het voorhoofd in de hersenen – zeer actief is wanneer we positieve gevoelens hebben zoals kalmte, rust, optimisme en geluk. Maar het gaat niet om het egocentrische, hedonistische soort geluk dat de zorgen en narigheid van het leven slechts tijdelijk verlicht. Er wordt een duurzamer gevoel van welzijn geproduceerd, dat verder gaat dan een kortstondig positief gevoel. Mensen die hun hersenen trainen op positieve gevoelens, handelen vanzelf vriendelijker en met meer medeleven. 'Ze zijn altijd klaar om in actie te komen en te doen wat ze kunnen om leed te helpen verzachten,' merkt Davidson op. Met andere woorden, geluk en medeleven zijn aangeleerde vaardigheden die meelevend gedrag stimuleren. Het werk van Davidson en andere neurowetenschappers maakt concreet wat mystici en dichters altijd al hebben gezegd over onze onaangesproken mogelijkheden.

Als je maar voldoende oefent, kun je jezelf transformeren in een menselijk wezen dat zich wijdt aan kalmte en vriendelijkheid, zonder nou direct met een vredesvlag in andermans gezicht te zwaaien – dat is soms genoeg voor een nieuw conflict. Misschien is dit inzicht wel de volgende grote revolutie en evolutie van de menselijke geest. Het vermogen om diep van binnenuit te veranderen, bestaat echt. Bepaalde methoden om de geest te oefenen in vrede en compassie bieden de hoop dat het leven op een veel liefdevollere en zorgzamere manier geleefd kan worden dan meestal het geval is op onze blauwe planeet. Alleen al de wetenschap dat dit potentieel bestaat, is de eerste stap op weg naar geluk en een andere programmering van onze hersenen.

Je kunt de innerlijke vredige schakelingen op allerlei contemplatieve manieren van binnenuit aan zetten. We kunnen niet alleen leren van films als *What the Bleep Do We Know!?*, of boeken als Jill Bolte Taylors *Onverwacht inzicht* of *Happiness* van Matthieu Ricard, maar ook de volgende strategie oefenen om onze hersenen te programmeren met nieuwe mogelijkheden.

Je hebt geen mystieke ervaring nodig om je hersenen te veranderen. Ga deze week opzettelijk op zoek naar mensen die hun leven hebben veranderd en die gelukkiger, minder oordeelzuchtig en toleranter ten opzichte van zichzelf en anderen zijn geworden. Als je niet zo iemand kent, vraag dan rond tot je zo'n verhaal hoort. (Je kunt ook altijd hoofdstuk 25 lezen: 'Wek het breekbare hart'. Daarin staat een voorbeeld van iemand die zijn leven heeft getransformeerd en daarmee een heel verschil teweegbracht.) Soms moeten we gewoon van een stimulerende, zorgzame en empathische persoon horen wat er mogelijk is. Pas dan kunnen onze hersenen langzaamaan veranderingen aan gaan.

---

4. Observeer je geest

Wat achter ons ligt
en wat voor ons ligt
zijn nietige zaken
vergeleken met wat in ons ligt
Anoniem

Als je je leven werkelijk wilt veranderen, moet je eerst je geest willen veranderen. Daarvoor moet je je geest vragen naar binnen te kijken en te observeren hoe die zelf werkt. Waardoor wordt je geest aangetrokken, afgestoten, verward of in slaap gebracht? Zo'n onderzoek is heel goed mogelijk, want onze geest is het allergrootste observatie-, onderscheidings- en bewustzijnsinstrument dat er bestaat. Alle grote wetenschappelijke ontdekkingen in de geschiedenis zijn gedaan door de geest en geobserveerd en geïnterpreteerd door de geest. Als je begint aan het observatieproces van je eigen geest, begin je met de grootste innerlijke klus die je ooit hebt gedaan: gebruikmaken van je geest om naar zichzelf te kijken.

We hebben allemaal het vermogen om naar onze eigen geest te kijken en dat is een van de redenen waarom de geestessleutel überhaupt mogelijk is. Het feit dat we op elk willekeurig moment in de gaten kunnen houden waar onze gedachten zijn, is de basis van de boeddhistische psychologie, die de geest al 2500 jaar onderzoekt. Hersenonderzoek voegt daar een nieuwe benadering aan toe, omdat die beschrijft welke hersendelen actief zijn wanneer we op iets letten. Boeddhisten, moderne wetenschappers en psychologen weten dat het energie kost om je aandacht op iets te richten – of het nu je eigen geest is of iets buiten jezelf. Als je je eigen geest wilt observeren, kost het energie en inspanning om de vereiste aandacht vast te houden.

Toen ik Carrie voor het eerst ontmoette, was ze letterlijk een bonk zenuwen. Hoewel het een lange, aantrekkelijke vrouw van eind dertig was, maakten haar bleke kleur, ingevallen wangen, slappe haar en opeen geklemde kaken haar jaren ouder. Toen ik Carrie een hand gaf, merkte ik hoe koud die was. Buiten was het tamelijk warm, maar ze was ingepakt in een blouse, een sweater en een gebreide sjaal. Alleen de handschoenen ontbraken nog. Mijn hersenen registreerden deze feiten en duwden de gedachte weg om vragen te gaan stellen over een mogelijke eetstoornis.

Nadat ze even zenuwachtig op een gebloemde bank had gezeten, barstte ze: 'Mijn leven is erg ingewikkeld. Eerlijk gezegd, is het één grote puinhoop.' Terwijl ik naar Carries verhaal luisterde, begreep ik waarom ze overstuur was. Als alleenstaande moeder van twee kinderen had ze een nare scheiding achter de rug van een man die haar bedroog en met wie ze nog steeds emotioneel verbonden was. Ze werkte voltijds en kon nooit nee zeggen tegen een opdracht, uit angst dat ze voor incompetent zou worden aangezien. Daar kwam nog bij dat ze met een man omging die haar mishandelde. Ze voelde zich zo gedreven door haar negatieve gevoelens van woede, frustratie, angst en verdriet dat ze niet in staat was om gezondere keuzen in het leven te maken. Carrie was en ís haar emoties.

Nu ik haar een tijdje behandeld heb, weet ik dat ze een geschiedenis heeft van gestoord eetgedrag, meestal anorexia, die ze onder controle heeft zolang ze maar niet onder extreme spanning staat. Ze slaat nog wel eens een maaltijd over, maar Carrie eet wel trouw eiwitten (kaas, een hardgekookt ei, amandelen, sojamelk of andere eiwitrijke producten) in de loop van de dag, want door eiwit werkt de frontale hersenkwab effectiever. Carries limbisch systeem – het reactieve en stressproducerende deel van de hersenen – heeft overuren gemaakt. Net als wij allemaal moet Carrie de frontale cortex activeren, het analytische, oordelende, plannende en besluitvormende deel van de hersenen.

Ik werk ook met Carrie aan de activering van het mindful deel van haar hersenen, dat zich richt op aandacht en observatie. Het deel van de hersenen dat kan zien hoe de geest werkt – als van een afstand, neutraal en zonder te oordelen – is de prefrontale en orbitale frontale cortex, die achter het voorhoofd en de ogen ligt. Met gedachte-experimenten (zoiets als Einstein deed) kan dit deel van de hersenen worden gestimuleerd. Hier volgt zo'n experiment, dat je zelf kunt proberen.

Stel je voor dat je in een rij bij de kassa staat en je ziet een vriend(in) die je al een tijdje niet gesproken hebt. Deze persoon heeft net afgerekend en loopt naar de uitgang. Je zwaait en roept zijn of haar naam, maar je vriend(in) loopt zonder omkijken de winkel uit. Wat denk en voel je wanneer dat gebeurt? In hoeverre heeft het invloed op je gedrag ten aanzien van die vriend(in)?

Het doel van dit experiment is je scherper te leren letten op de manier waarop je geest contact maakt met een gebeurtenis of object, hoe die vervolgens de gerelateerde emotie interpreteert en daarop reageert, en hoe die emotie een gedrag of handeling voortbrengt. Je interpreteert het voorval bijvoorbeeld zo, dat je vriend(in) je vernedert of negeert en dan voel je je gekwetst of boos. Mogelijk gedrag als gevolg van die interpretatie is dat je geen contact meer met die persoon wilt. Maar als je het voorval zo interpreteert dat je vriend(in) een moeilijke tijd doormaakt en helemaal opging in zijn of haar gedachten, voel je je misschien verdrietig of bezorgd en besluit je hem of haar te bellen zodra je thuis bent. Het gaat er hier om dat je verschillende geesten gebeurtenissen van alledag verschillend interpreteren en evalueren.

Als je goed oplet hoe je brein beslissingen neemt, kun je verborgen patronen en gewoonten waarnemen en zelfs besluiten om een interpretatie eerst te onderzoeken voor je een sterke emotie in je opneemt.

Mijn werk met Carrie blijft erop gericht om haar te helpen de observerende en aandachtgerichte delen van haar hersenen te activeren en te versterken. Omdat ze de uitdaging graag aangaat, voert ze al mijn opdrachten uit. Tot ze op een dag bij me komt en gaat zitten met een zelfverzekerde, kalme flikkering in haar ogen. Ze vertelt me een verhaal over haar voormalige echtgenoot. In het verleden brachten ontmoetingen met hem haar altijd van haar stuk. Ze kreeg woedeaanvallen en ging enorm drinken. Maar toen ze hem onlangs weer sprak, kon ze op een heel andere manier reageren. 'Voor het eerst in mijn leven merkte ik dat ik mijn gevoelens kon beheersen met mijn gedachten. Ik had dat niet voor mogelijk gehouden,' zegt ze trots en met een zeldzame glimlach. Carries nieuw verworven kracht is het resultaat van het feit dat ze nieuwe interpretaties heeft gevonden en frustratie accepteert, en niet haar beheersing verliest en haar gevoelens met alcohol verdooft.

Nieuw gedrag leer je niet van de ene op de andere dag. Het kost tijd en inspanning om je geest te observeren. Als je gebruikmaakt van een van de lessen over geestessleutels, krijg je toegang tot nieuwe wegen in je hersenen, die je kunt versterken. De bedoeling van deze specifieke les is dat je je meer direct moet concentreren om de aandacht vast te houden. Je verliest o zo gemakkelijk je concentratie en aandacht. Daarom noem ik mindfulness liever *remindfulness*.

Alles draait om aandacht, want die is er altijd als we iets observeren. Hoe meer taken we gelijktijdig uitvoeren, hoe minder de geest in staat is om de aandacht bij één ding te houden, vooral niet als die aandacht de geest zelf betreft. Dat lijkt misschien niet zo belangrijk, totdat je onder grote spanning staat, 's nachts niet kunt slapen omdat je gedachten als een straaljager door je hoofd blijven gieren of je niet voor langere tijd op je werk kunt concentreren. Hier volgt een uitstekende methode om het aandachtscentrum in je hersenen weer energie te geven. Deze oefening is dubbel nuttig, omdat je ook je ademhaling gebruikt. Je kunt overal oefenen waar je toevallig bent. Je kunt hem overal mee naartoe nemen en niemand die ooit zal merken dat je ermee bezig bent. Maar voordat je aan deze oefening begint, stel ik voor dat je eerst hoofdstuk 12 leest, de les van de lichaamsleutel die 'Adem bewust en mindful' heet.

We combineren twee heel belangrijke lichaam-en-geest-lessen. Het werkt als volgt. Je gaat op elke ademhaling letten. Elke keer dat je in- en uitademt ga je tellen. Je begint bij één en gaat door tot vijfentwintig. Je haalt dus vijfentwintig keer adem.

De bedoeling hiervan is dat je de geest scherp en aandachtig houdt terwijl je ademt. Toen ik in het klooster zat, leerde ik tellen met kralen van een rozenkrans, ter verbetering van mijn vermogen om me te concentreren en de aandacht te bewaren. De rozenkrans heeft 108 kralen. Als ik aan het eind was gekomen en er maar 107 had geteld, wist ik dat ik ergens onderweg mijn aandacht was kwijtgeraakt. Als je merkt dat je de tel kwijtraakt, moet je gewoon weer bij één beginnen. Je kunt ook de gedachten en emoties observeren die opkomen wanneer je je concentratie verliest. Let zo neutraal mogelijk op die gedachten, alsof het overtrekkende wolken zijn. Je merkt misschien dat je concentratievermogen achteruitgaat wanneer je moe of slaperig bent. Het geeft niet als je niet in een keer tot vijfentwintig komt. Oefen vijf of tien minuten per dag tot je vijfentwintig haalt. Ga dan voor vijftig!

Hier volgt nog een nuttige strategie om je geest te observeren, door Je Aandacht Bewust Nu te Centreren.

Houd een dagboek bij van je toptien van negatieve gedachten en maak daarin een lijst van de negatieve gedachten die in je hoofd rondspoken. Mogelijk ben je je niet altijd bewust van deze gedachten of weet je zelfs niet hoe vaak ze opkomen. Bedenk welke thema's ze met elkaar gemeen hebben, bijvoorbeeld beschuldigingen of kritiek. Doe dit minstens een week, in de wetenschap dat je gedachten niet bepalen wie je bent. Met deze oefening leer je je gedachten kalmer en neutraler te observeren zonder je erdoor te laten meeslepen.

5. Doe op dit moment iets waar je blij van wordt

In mijn handen houd ik een kop groene thee;
in de kleur zie ik heel de natuur terug.
Mijn ogen sluitend vind ik groene bergen,
en zuiver water in mijn hart.
Stil alleen drinkend van mijn thee
voel ik ze deel van mij worden.
Soshitsu Sen XV

Hoe komt het toch dat er nooit genoeg tijd lijkt te zijn? We komen altijd tijd te kort en proberen steeds meer in elk moment te proppen. We kopen tijdbesparende apparaten die seconden van elke klus beloven af te schaven, zodat we snel met iets anders verder kunnen gaan – en dan weer iets anders. Het is alsof we nooit te lang op één plaats tevreden kunnen zijn. De enige remedie om deze illusie van verloren tijd op te heffen, is het tempo opvoeren en meer doen. Zelfs de cosmetische industrie belooft om ons lichaam te helpen de klok terug te draaien.

Gelukkig bevat onze taal een heel scala aan woorden die beschrijven hoe we tijd vrij kunnen maken voor beter tijdmanagement, zoals werktijd, vakantietijd, tijd voor het gezin, vrije tijd, speeltijd, baaldagen, pauze, lunchtijd, etenstijd, sporturen en tijd om te feesten. Wat vooral de dupe lijkt te worden van onze pogingen om zoveel mogelijk uit het leven te halen, is onze slaaptijd.

Maar stel dat je vanmorgen wakker werd en hoorde van een schokkende nieuwe wetenschappelijke ontdekking. Het hoofdnieuws – op televisie, in blogs, tweets en alle grote kranten – is: 'Wetenschappers ontdekken dat de tijd niet bestaat!' Dat zou gelijk staan aan de ontdekking dat de aarde rond is en niet plat. Stel je voor hoe anders mensen tegen de aarde gingen aankijken toen ze beseften dat ze niet van de aarde zouden vallen als ze bij de horizon aankwamen. En toch leven we alsof de wereld van de tijd plat en lineair is.

Zou je kunnen leven zonder tijd? Sommige culturen hebben niet eens woorden voor 'verleden' of 'toekomst'. Ik zeg niet dat er geen plaats is voor plannen en voorbereiding, maar wel dat we veel te veel bezig zijn met denken in tijd. Wat als de tijd rond en bol was, flexibel en volledig in het heden, als je geen spoor ervoor of erna kon vinden? Kun je je voorstellen hoe dat zou zijn?

De ochtendschemering is nauwelijks aangebroken als ik deze morgen met maar een doel naar buiten ga: de lokale krant halen, die elke morgen in een langwerpige gele container naast de brievenbus wordt gedeponeerd. Deze ochtend heb ik haast en loopt mijn hoofd om van de ik-gerichte gedachten over de toekomstige tijd. 'Wat zal ik eens eten voor het ontbijt? Ik moet die telefoontjes van gisteren beantwoorden. Welke tekst moet ik printen voor de volgende les? Ik vraag me af hoeveel cliënten ik vandaag heb. Ik ben al laat, ik moet opschieten...'

Halverwege de oprit wordt mijn gedachtestroom onderbroken door een plotseling besef. Ik blijf stokstijf stilstaan. De boodschap is duidelijk en onmiskenbaar: ik ben niet echt hier, niet echt aanwezig. Dat is waar. Net als de personages in de televisieserie *Lost* ben ik aan mijn lot overgelaten en gescheiden van dat waarnaar ik het meest verlang: een verbinding met wat waar, echt en zinvol is. Ik ben afgedwaald en bezig met mijn planning en zaken die later komen. Dit is een tijd- en resultaatgerichte benadering, een benadering die tot op zekere hoogte wordt gedreven door het verlangen om de toekomst te bepalen en daar controle over te hebben. Maar wat heb ik eraan wanneer ik de krant ga halen? Voegt het echt iets toe?

En dus loop ik niet om de krant te halen, maar gewoon omwille van het lopen. Het effect is zo'n beetje alsof ik het ene moment blind was en het volgende moment door een telescoop kijk, die niet alleen alles uitvergroot wat ik zie, maar ook alle geluiden en andere zintuiglijke waarnemingen versterkt. In een oogwenk verandert alles en ben ik niet langer alleen. Lopend omwille van het lopen word ik mij bewust van de hoog oprijzende sparren, de frisse ochtendlucht, de bruine dennenappels op de grond, het gefluit van de vinken die op mijn pad rondhuppen, het geborrel van een fontein, mijn eigen pulserende lichaam, de spieren die bij elke stap in mijn armen en benen samentrekken en ontspannen. Al deze dingen lanceren mij in het onmiskenbare besef van het moment dat ik leef. Terwijl ik gewoon loop om te lopen, vult elke ademhaling mijn longen met een frisse, versterkende lucht. De eisen van de tijd en de dingen die nog niet zijn gedaan, zijn weggevallen en dit blijft er over. Plotseling ben ik terug in het heden, waar tijd eindeloos en eeuwig duurt.

Het kost me misschien wel een kwartier om de krant te pakken en terug naar huis te gaan (en ik had nog wel zo'n haast!). Maar er is een nieuwe kijk in mijn ogen, mijn geest en mijn hart. Een paar ogenblikken lang heb ik simpelweg het pad gevolgd dat Abraham Joshua Heschel heeft beschreven in zijn boek *De sabbat*, waarin hij de sabbat definieert als geheiligde tijd die ontstaat wanneer iemand stopt met de kunstenaar, schilder en schepper van het werelddoek te zijn en zijn ezel opzij zet om gewoon 'in de wereld te zijn'. Heschel zegt: 'De sabbat respecteren, is als het vieren van de bekroning van een dag in het spirituele wonderland van de tijd.' Ieder van ons kan dit heilige wonderland betreden door volledig het heden in te gaan. Er is over talloze paradigmaverschuivingen geschreven, maar misschien is geen enkele zo bereikbaar en voedend als de verschuiving van eindeloos rondtollen in je hoofd, naar het doen van één ding tegelijk – lopen, eten, zitten, staan of lezen – en dat helemaal bewust, op je gemak en met blijdschap te doen.

Veel winkelketens maken gebruik van systemen die de prestaties bijhouden, om het proces aan de kassa te kunnen versnellen. Daartoe wordt elke transactie getimed. Sommige kassamedewerkers die met zo'n systeem werken, zijn gewoon bang om iets te doen wat het proces vertraagt, bijvoorbeeld lachen naar de klant of een praatje maken. Als je ook het gevoel hebt dat je slaaf van tijd en efficiëntie bent, kun je altijd het huidige moment binnengaan – dat de klok ontstijgt – door de volgende oefening te doen.

Wanneer heb je je voor het laatst volledig gewijd aan de ervaring die je met iemand anders had? Richt je aandacht vandaag compleet op iemand anders, zodat je die intens opmerkt – de kleur van zijn haar of de lichte welving van haar voorhoofd, de manier waarop het haar valt, de unieke klank van de stem, de vorm van handen en vingers, en zelfs de diepere behoefte aan welzijn en geluk.

Weet dat deze persoon de belangrijkste persoon in je leven is op dit moment, want zoals Tolstoj schrijft in zijn korte verhaal *Drie Vragen*: 'Het meest noodzakelijke [individu] is degene met wie je bent, want niemand weet of hij ooit met iemand anders te maken krijgt.' Deze oefening brengt je niet alleen in het heden, maar eert ook het unieke van elk wezen. Laat deze ontmoeting met een ander het belangrijkste in je leven zijn, gewoon voor de duur van de ontmoeting, een paar momenten of minuten. Zou je elk moment van je dag zo kunnen leven? Wat zou dat geweldig zijn!

---

6. Gebruik heilige woorden om je van wanhoop af te wenden

In het begin was het Woord,
en het Woord was bij God, en het Woord was God.
Joh. 1:1

In het begin was Brahman, bij wie het Woord was;
en het Woord was werkelijk de hoogste Brahman.
Rig Veda

In het begin gaf het Woord de Vader zijn oorsprong.
Huitoto-indianen

'In het begin was het woord.' Het is een eenvoudige en toch onthullende zin met allerlei betekenislagen. Deze zin klinkt in de kosmologie van diverse religieuze tradities door en verwijst naar zowel de onbekende mysteries van het heelal als naar de oorsprong van het ontstaan daarvan. Onze collectieve verbeelding wordt in deze zin vastgelegd, zodat we heel dicht bij de waarheid en het inzicht komen. Maar bovenal vraagt de zin om ons te verdiepen in het mysterie, het wezen en de verbinding tussen geluid en onze levens.

Het gebruik van geluid en een *mantra,* of geheiligd woord, bestaat al duizenden jaren. In de hindoeïstische literatuur geven de vroegste Vedische hymnen mantra's al in 1500 v. Chr. een plaats. Met het reciteren van deze hymnen door hindoeïstische priesters wordt waarschijnlijk nog eens tweeduizend jaar mondelinge geschiedenis toegevoegd aan spirituele praktijken waarbij gebruik wordt gemaakt van geluid, woord en muziek. Woord, vibratie en gedachte, of we nu naar een gezang luisteren of een gebed opzeggen voor de maaltijd, herbergen de mogelijkheid om ons leven te transformeren en onze geest te verlevendigen. De woorden die je kiest om je aandacht op te vestigen, bepalen ook het welzijn van de innerlijke schakelingen in je hersenen en de verbindingen buiten jezelf in je leven.

De zon schijnt bijzonder fel op deze spectaculaire zomermiddag. Een paar uur eerder was ik nog buiten, maar nu lig ik na een bezoek aan het ziekenhuis in bed met afschuwelijke pijn. In een liefdevolle daad die verkeerd afliep (zo kun je het wel stellen), beet mijn eigen kat me, zodat ik viel. Ik had hem gered van twee grote en nogal dreigende honden. Het begint tot me door te dringen dat ik de komende maanden in een rolstoel zit en nog eens vier maanden op krukken moet lopen. 'Dat kost me dus de hele zomer. Waarom liet ik mijn kat niet bedaren voor ik hem probeerde van het hek te halen? Dat was echt heel stom van mij. En kijk mij nu eens.' Dat zijn zo de gedachten in mijn woelige geest, die me het gevoel geeft dat ik zonder reddingsvest ben gaan wildwatervaren.

Op dat moment zie ik deze beschuldigende gedachten als van een afstand. Stop! schreeuw ik inwendig. Dat blokkeert de negatieve gedachten even, omdat ik begrijp dat deze intense pijn – bijvoorbeeld aan mijn gewonde heup – weliswaar een onvermijdelijk onderdeel van het leven is, maar dat lijden een keuze is. Wanneer de negatieve gedachten weer bovenkomen, vraag ik mezelf het volgende: wil ik echt dit leed aan mijn leven toevoegen? Word ik daar ook maar iets sneller beter van? Zal ik mij gelukkiger voelen? Omdat ik weet dat ik mijn emoties snel moet reguleren en bedaren, zoek ik onmiddellijk mijn toevlucht tot een oude vorm van de Aandacht Bewust in het Nu Centreren. Eerst concentreer ik me op mijn ademhaling en reciteer in gedachten: 'Mogen alle wezens veilig, gelukkig, gezond en in harmonie leven. Moge ik veilig, gelukkig, gezond en in harmonie leven.' Wanneer mijn gedachten afdwalen, haal ik ze zachtjes weer terug. Ik blijf de hele tijd ademen vanuit mijn middenrif, ik ben aanwezig in mijn lichaam – zelfs in mijn gewonde heup. Binnen een paar minuten voel ik een grotere kalmte en ruimte in mijzelf, terwijl ik de situatie van het huidige moment volledig accepteer (al betekent het niet dat ik er de voorkeur aan geef!). 'In elk geval,' zegt een meelevend en enigszins humoristisch stemmetje in mij, 'weet je nu dat je het een volgende keer anders moet aanpakken, als de situatie met de kat zich nog eens voordoet. Maar deze situatie is op dit moment nu eenmaal zo.'

Maken de woorden die we kiezen werkelijk zo'n groot verschil in ons dagelijks leven? Kunnen ze onze realiteit veranderen? Kunnen ze ons zowel fysiek als mentaal genezen? Dr. Larry Dossey, auteur van *Helende woorden* en *Prayer is Good Medicine*, heeft uitgebreid geschreven over wat volgens hem een goed gedocumenteerd, maar onderschat middel tot genezing is. In een interview zegt Dossey: 'Meditatie is een krachtige manier om een helende toestand in te gaan. [Onderzoek] ... heeft aangetoond dat een meditatieve toestand en vrijwel elke contemplatieve toestand goed voor het lichaam kunnen zijn... Aan de medische faculteit van de universiteit van Californië in San Francisco zijn genezende intenties daadwerkelijk getest bij een aantal individuen die op grote afstand mediteerden voor mensen met aids in een gevorderd stadium. Het was een dubbelblinde studie. De mensen die de genezende intenties ontvingen, deden het statistisch veel beter dan mensen die deze niet kregen. Het is dus niet alleen maar een fantasie. Het is een geldig verschijnsel, dat is getest.'

Nieuwe gegevens, die in 2008 werden gepubliceerd in het online vakblad *Current Issues in Education*, tonen aan dat transcendente meditatie (een oefening waarbij een woord in gedachten een tijd lang wordt herhaald), een verbetering van vijftig procent tot gevolg had bij middelbare-schoolkinderen met *attention deficit hyperactivity disorder* (adhd) die twee keer per dag mediteerden, zonder de bijwerkingen die medicijnen met zich mee kunnen brengen. In hun conclusie schreven de onderzoekers dat 'de techniek potentieel heeft om de aandacht te verbeteren, gedrag te reguleren en het functioneren te sturen, doordat stress en onrust vanzelf afnemen en de hersenfunctie verbetert.' De aanzienlijke stressvermindering is vermeldenswaardig, omdat stress het leervermogen van de hersenen ontwricht. De frontale kwab, waar veel denkprocessen plaatsvinden, wordt door stress afgestompt, want stress leidt het bloed om naar de emotionele kern van de hersenen.

Het centrerend gebed van christenen, de mantra's van boeddhisten en transcendente meditatie maken allemaal gebruik van een woord of zinsdeel dat steeds wordt herhaald, om leed en wanhoop af te wenden en er vrede voor in de plaats te zetten. Ik heb een deel van de oefening in liefdevolle vriendelijkheid (zie hoofdstukken 24 en 36) aangepast om vrede een plaats te geven na mijn verwonding. Je kunt uit een eindeloos aantal woorden kiezen. Je zou bijvoorbeeld in gedachten woorden of zinsdelen kunnen herhalen als *een, kalme geest, vrede* of *nu*. Je kunt ook voor een gebed kiezen, bijvoorbeeld het christelijke gebed 'Here Jezus Christus, heb medelijden met mij.' Wees vooral creatief en gebruik woorden die goed voelen. Ik ken bijvoorbeeld een enthousiaste golfer die de uitdrukking 'bogey free' kalmerend en nuttig vindt.

Je Aandacht Bewust in het Nu Centreren oefenen met ademhaling en een zinvol woord, is een prachtige manier om je geest te kalmeren, je onrust en stress de kop in te drukken en concentratie op te bouwen. Hier volgen een paar nuttige richtlijnen voor deze strategie.

Neem allereerst rustig de tijd om na te denken over de woorden die je wilt gebruiken. Als een woord niet goed voelt, neem dan een ander; kies als een woord bepaalde storende herinneringen of associaties wekt, een ander woord dat niet beladen is. Er is aangetoond dat zelfs een neutraal woord als 'een' het stressniveau verlaagt. Ga als je eenmaal een keus hebt gemaakt, rustig ergens zitten, binnen of buiten. Je kunt deze oefening ook liggend doen, maar het is beter als je zit, want dan blijf je gemakkelijker wakker. Dat geldt zelfs als je in bed zit. Doe deze oefening liever niet een of twee uur na het eten, want dan ben je misschien te suf om je te concentreren.

Geef jezelf minstens twee minuten per dag om het centreren van je aandacht te oefenen. Zit stil en doe je ogen dicht. Terwijl je het woord herhaalt, richt je je aandacht sterk op je ademhaling. Zorg dat je regelmatig, vanuit je buik, ademt. Als je aan je woord denkt, hoef je je niet zo erg te concentreren; stel je in plaats daarvan voor dat je gewoon de voorkeur geeft aan dit woord boven andere. Als je gedachten even afdwalen naar het verleden of de toekomst, is dat niet erg. En als je een beetje suffig wordt, is dat ook prima. Laat gewoon dit woord weer je voorkeur krijgen.

Soms lijkt het wel of het woord naar binnen is gegaan, alsof je er nog mee bezig bent, terwijl je het niet meer herhaalt. Laat deze ervaring toe als dat gebeurt. Je andere zintuigen kunnen ook storen terwijl je het woord herhaalt. Misschien hoor je een geluid of voel je iets in je lichaam. Duw die ervaringen niet weg; merk ze gewoon op en keer terug naar je ademhaling en het woord.

Deze oefening kan verschillende gedachten en emoties oproepen. Als je er een sterk negatief gevoel bij krijgt, bedenk dan wat het is tot het overgaat. Je geest wordt er vanzelf naartoe getrokken. Je hoeft het gevoel niet te verklaren of te begrijpen, maar let er wel op of het sterker of minder intens wordt. Als een negatief gevoel om een of andere reden lang aanhoudt, kun je altijd stoppen met de oefening en je ogen opendoen, gaan liggen of uitrusten. Weet dat je je aandacht altijd weer op je ademhaling kunt richten na een sterke emotie. Wat je ervaart, voel je misschien alleen vandaag, de volgende oefening kan weer heel andere gevoelens met zich meebrengen. Sta jezelf toe om open te staan voor alles wat er bovenkomt.

Dit is een gemakkelijke oefening, dus als je wilt gaan verzitten op de grond, stoel of het bed, doe dat dan gewoon, maar wel met je volledige aandacht. Misschien wil je de eerste keren een wekker of een klok gebruiken. Als je vaker hebt geoefend, voel je vanzelf aan wanneer je tien minuten voorbij zijn. Blijf voordat je je ogen weer opendoet, even met medeleven in de aanwezigheid van je lichaam zitten. Open dan langzaam je ogen. Je kunt je tien minuten van aandacht ook afsluiten met een bekrachtiging of een dankgebed.

7. Stel je geest in op vertrouwen

We geloven niet in onszelf tot iemand onthult dat er diep in onszelf iets van waarde is, de moeite om naar te luisteren, ons vertrouwen waard en gewijd aan onze aanraking.
E.E. Cummings

De Britse psychiater John Bowlby was een pionier op het gebied van binding en hechting tussen ouder en kind. Hij ontdekte dat ons welzijn vanaf onze vroegste kindertijd tot de prille leeftijd van drie jaar in hoge mate wordt gevormd door de relatie die we hebben met onze verzorgers en de omgeving. Wanneer ouders of verzorgers openstaan voor de behoeften van het kind door communicatief, emotioneel zelfverzekerd en beschikbaar te zijn, ontwikkelt het kind een veilige hechting. De kans is groter dat een veilig gehecht kind flexibel, communicatief en minder reactief is ten aanzien van zijn omgeving. Dit kind leert dat het niet eng of moeilijk is als er in zijn behoeften wordt voorzien en dat communicatie en emoties nuttige instrumenten zijn.

Maar wat gebeurt er wanneer er niet aan de behoeften van een kind wordt voldaan, omdat de ouder inconsistent of onvoorspelbaar reageert, bijvoorbeeld de ene keer wel openstaat voor het kind, maar de volgende keer onrustig, overstuur is of het kind zelfs afwijst of slaat? In reactie op een harde, stressvolle of traumatische omgeving ontwikkelen kinderen een onveilige hechting, omdat ze hebben geleerd dat relaties en emotionele behoeften moeilijk, zo niet onmogelijk te vervullen zijn.

De ervaring van mensen met hun verzorgers op jonge leeftijd programmeert hun hersenen. De hersenen van een onveilige hechting zijn zeer alert. De emotionele kern van de hersenen, of het limbisch systeem, stelt dat kind – en de volwassene die het wordt – af op te verwachten chaos en stress. Het leven is een voortdurende strijd voor zo'n individu, wanneer het geen veiligheid en vertrouwen verwacht of vindt.

Is het mogelijk om een geschiedenis van onveilige hechting te keren en diepe gevoelens van wantrouwen en reactiviteit om te zetten in gevoelens van openheid en vertrouwen? Phillip Shaver, een gerenommeerde docent psychologie aan de universiteit van Californië in Davis, en Mario Mikulincer, docent psychologie aan het Interdisciplinairy Center in Herzlyia, Israel, zijn allebei gespecialiseerd in hechting bij volwassenen en hebben onderzoek gedaan naar de manier waarop gevoelens van wantrouwen gewijzigd kunnen worden. In een bepaalde studie kregen deelnemers, nadat ze een vragenlijst over onveilig gehechte relaties hadden ingevuld, door Shaver en Mikulincer woorden voorgelegd die geassocieerd worden met intimiteit en veiligheid, zoals liefde, zorgzaamheid en steun. Onderzoekers naar hechting noemen deze techniek 'een veiligheidsafstelling'. In hun boek *Attachment in Adulthood* leggen Shaver en Mikulincer uit: 'Aan de hand van afstellingstechnieken hebben onderzoekers ontdekt dat het een heilzaam effect heeft op verwachtingen over ...[iemand anders'] ... gedrag als mentale weergaven van beschikbare en ondersteunende hechtingsfiguren tijdelijk worden geactiveerd.' Met andere woorden, iemand die een veiligheidsafstelling ervaart, is opener en vertrouwt anderen meer.

Boeddha heeft eigenlijk 2500 jaar geleden als eerste afstelling gecreëerd, toen hij monniken aan de hand van een liefdevolle vriendelijkheidsoefening hielp om hun diepste angsten te overwinnen terwijl ze mediteerden in de jungle. Hier volgt een gerichte oefening over veiligheidsafstelling. Aan de hand van deze oefening heb ik al veel mensen geholpen om over hun ongerustheid, angst of allerlei vormen van trauma te komen, inclusief posttraumatische stresssyndromen. Gebruik deze oefening wanneer je moeite hebt met intieme relaties, als je voortdurend gevoelens van angst, zorg of onrust hebt of als je een trauma hebt meegemaakt – of dat nu is veroorzaakt door een verwonding, ongeluk, bijna-doodervaring of een andere levensveranderende gebeurtenis. We hebben allemaal trauma's in dit leven meegemaakt, dus deze oefening is zelfs nuttig als je zo gauw geen specifieke gebeurtenis kunt aanwijzen.

Zoek zoals altijd een veilige en comfortabele plek waar je niet wordt gestoord. Deze veiligheidsafstelling kun je overal mee naartoe nemen, waar en wanneer je die maar nodig hebt. Ga rechtop en ontspannen zitten. Adem eerst drie keer diep in, zodat je in je lichaam wordt verankerd. Let ondertussen op je voeten op de vloer en je lichaam op de stoel.

Ga in gedachten naar een plek waar je van houdt – het strand, het bos, een favoriet park of een bepaalde ruimte – welke plek dan ook, waar je je helemaal veilig en op je gemak voelt. Neem als je die plek eenmaal hebt gelokaliseerd een paar momenten de tijd om alle dingen voor je te zien die je er waardeert. Adem nu de zuivere lucht in van deze favoriete plek. Laat de lucht je longen vullen. Stel je bij elke nieuwe ademhaling voor hoe de vreugde, de zuiverheid en het welzijn die je op die plek vindt, alle cellen in je lichaam vullen. Blijf bewust doorademen tot je hele lichaam – van de toppen van je tenen tot de kruin van je hoofd – is gevuld met vreugde, zuiverheid en welzijn. Je merkt misschien zelfs hoe je ogen, gezicht en kaken ontspannen. Wie weet speelt er een vage glimlach rond je mondhoeken. Laat deze ontspannen toestand in je bezinken. Je zou er even op kunnen letten hoe je buik rijst en daalt bij elke ademhaling.

Nu ga je je verbeelding gebruiken. Bedenk dat je altijd zelf de controle hebt. Als je je niet op je gemak voelt, kun je altijd je ogen opendoen en stoppen met de oefening. Als je je overweldigd voelt door de oefening, is het misschien beter om professionele begeleiding te zoeken om de problemen op te lossen. En schaam je niet als je ergens moeite mee hebt; weet dat je zo wijs bent om in te zien dat je meer begeleiding nodig hebt. Ga zo ver met deze oefening als goed voelt op een bepaald moment. Je hoeft niet de hele veiligheidsafstelling ineens te ervaren. Zelfs met een beetje oefening kom je al dichter in de buurt van een herwonnen gevoel van innerlijk vertrouwen en veiligheid.

Bedenk nu eens even hoe iedereen die ooit geleefd heeft – we hebben het over de hele geschiedenis – een of andere moeilijke situatie heeft meegemaakt. Net als al die anderen die met emotionele en fysieke pijn, stress en rampspoed te maken hadden, zit ook jij met een moeilijke of problematische situatie die je niet hebt kunnen oplossen. Dat kan van alles zijn – een gevoel van angst, onrust of waardeloosheid; iets wat in het verleden wortelt, bijvoorbeeld een moeilijke relatie, een herinnering of gebeurtenis waar je langdurig leed van hebt ondervonden; of misschien zit je op dit moment in een moeilijke situatie.

Ik wil dat je nagaat waar je deze moeilijkheid in je lichaam voelt terwijl je die visualiseert. Je lichaam slaat de herinnering aan een trauma op. Daarom helpt het als je voelt waar de energie is opgeslagen, zodat die op een bepaald punt kan worden losgelaten. Probeer als het kan die energie van een veilige afstand, neutraal te bekijken. Hoe intens is het? Boven welk deel van het lichaam is die energie? Is het zwaar of licht? Is het hard en dik als een pantser of zacht en dun als een luchtbel?

Stel je voor het volgende deel van de oefening voor dat je niet alleen bent wanneer je deze moeilijkheid ervaart. Visualiseer jezelf omgeven door mensen die je lijden begrijpen en aanvoelen. Ze zijn overal om je heen, de menigte groeit met het moment. Ze zijn allemaal gekomen om dicht bij je te zijn op dit moeilijke moment. Dat kunnen familieleden, vrienden en anderen zijn die je niet per se direct kent, maar die over je situatie hebben gehoord en hun steun willen betuigen. Zelfs een dierbaar huisdier kan je liefde geven. Als je met bepaalde familieleden problemen hebt gehad en je niet door hen gesteund voelt, breid je verbinding dan uit naar anderen, levend of dood, van wie je weet dat ze van je houden. Dat kan een meelevende grootouder zijn of een ander ver familielid, maar ook historische figuren zoals Jezus, Gandhi, moeder Theresa of iemand anders die je bewondert. Ze willen dicht bij je zijn en je kunt je zelfs voorstellen dat ze je hand vasthouden, je een knuffel geven of een troostende hand op je schouder leggen. Ze strekken hun liefde en compassie volledig naar je uit. Stel je voor hoe ze zich allemaal om je heen scharen in een kring van zorgzaamheid, intimiteit, begrip en bescherming.

Haal een paar keer diep adem. Zuig bij elke inademing het gevoel van veiligheid en zorgzaamheid op dat deze mensen je bieden. Misschien voel je dat als een tinteling of warmte of stilte. Laat jezelf glimlachen naar al die vriendelijke gezichten om je heen. En weet terwijl je denkt aan je moeilijke situatie, dat deze zorgzame en meelevende wezens je willen helpen, omdat ze echt om je geven. Ze willen er werkelijk voor je zijn en begrijpen wat je doormaakt, omdat ze zelf ook zware tijden hebben meegemaakt. Net als jij heeft iedereen soms steun in zijn leven nodig. Meer dan wat ook willen ze dat je je begrepen weet en beseft dat zij zich om je welzijn bekommeren. Laat je de komende vijf minuten innerlijk aanraken door de zorg en geborgenheid die deze mensen je bieden. Ze hebben geen verborgen bedoelingen, ze willen er alleen maar voor je zijn en ze weten zeker dat je de kracht en wijsheid hebt om vooruit te gaan. Blijf visualiseren dat ze bij je zijn.

Richt je aandacht nu op de zegeningen die iedereen om je heen je wenst. Met liefde en inzicht in je kracht, openheid en moed, zenden ze je deze zegening: 'Moge je veilig, gelukkig, gezond en in harmonie zijn, vrij van pijn en leed.' Accepteer de steun die je nu wordt geboden en ervaar het gevoel van veiligheid, geborgenheid en bescherming om je heen, terwijl je uitrust in deze ondersteunende en zorgzame kring. Laat deze zegening diep in je binnendringen. Je kunt zelfs voor jezelf zeggen: 'Moge ik veilig, gelukkig en in harmonie zijn, vrij van pijn en leed. Moge mijn lichaam oud verdriet loslaten terwijl ik verder ga in mijn leven, met de steun en kracht en liefde van zo velen.' Open langzaam je ogen wanneer je klaar bent en oriënteer je weer op de ruimte.

Deze innerlijke reis vergt moed, dus geef jezelf een schouderklopje. Als trauma's een voortdurende stressfactor in je leven zijn, zou je boeken kunnen lezen als *De tijger ontwaakt* en *Healing Trauma* van Peter Levine. Hier volgt nog een goede oefening om je geest af te stellen op vertrouwen.

Controleer wat je in je lichaam voelt in gezelschap van anderen. Krijg je een oud gevoel of iets wat in het hier en nu gebeurt? Bedenk eens hoe je het verschil kunt ontdekken. Vertrouw op wat je lichaam voelt. Vergeet niet de veiligheidsafstelling te gebruiken wanneer je iets wilt doen aan gevoelens die je overweldigen.

---

8. Ontsteek de vonk van creativiteit

> *Wanneer ik aan een probleem werk, denk ik nooit aan schoonheid. Ik denk alleen aan oplossingen voor het probleem. Maar als ik klaar ben en de oplossing is niet mooi, weet ik dat die verkeerd is.*
> Buckminster Fuller

Stel dat je een Cessna 172-Skyhawk over het ruige Uncompahgre Plateau in Colorado vliegt. Je verdwijnt op meer dan zesduizend voet hoogte in de wolken als de vleugels plotseling met ijs beslaan en de motor 75 procent van zijn vermogen verliest. Je hebt nu geen keus dan onder de wolken in een canyon te dalen. Wanneer de wolken optrekken, zie je dat er geen landingsplek is, behalve een afgelegen, rotsachtig terrein met bomen dat snel naderbij komt. Op de een of andere manier slaag je erin het kleine toestel aan de grond te zetten, maar tijdens de hardhandige crash wordt het vliegtuig vernield. Wonder boven wonder kun je zelf uit het wrak kruipen en de metershoge sneeuw in stappen. Met enkel een paar kneuzingen en sneeën mag je van geluk spreken dat je nog leeft. Maar wat nu? Kan creativiteit je leven redden?

Dit scenario overkwam een relatief onervaren piloot, de 57-jarige Scott Thurner, die niet het voordeel van een survivaltraining had gekregen. Alsof dat allemaal nog niet erg genoeg was, had hij vergeten een vluchtplan in te dienen. Elke verkeerde beslissing vanaf dit punt kon een tragedie opleveren. Maar Thurners creativiteit redde zijn leven. Hij besloot niet met zijn bescheiden voedselvoorraad uit de canyon te proberen te klimmen naar het stadje Montrose, zo'n dertig kilometer verderop maar te blijven waar hij was. Voor hij iets anders deed, groef hij een ondiepe sneeuwgrot om te voorkomen dat hij doodvroor.

Wat gebruikte hij als levensbeschermend dak voor wat hij later zijn Motel 6 noemde? Thurners vliegtuig was zo kapot dat de deur eraf was gescheurd. Hij sleepte de deur naar zijn grot om zijn lichaamswarmte te helpen vasthouden. Later ging hij op zoek naar de bakenzender, die intact bleek. Weer nam Thurner een kritieke en wijze beslissing en activeerde de zender niet die nacht, want dan zou de vliegtuigaccu leeg raken. Hij wachtte tot het dag was voor hij hem aanzette – en dat redde zijn leven. Hij vond ook een stuk rood tape, waarmee hij een grote rode X op een van de vleugels plakte, die anders niet opvielen in de sneeuw. De tweede avond groef Thurner een dieper gat, dat hij zijn Holiday Inn doopte. Weer gebruikte hij de deur van het vliegtuig als dak en zette de zender uit om energie te sparen. Verrassend genoeg werd Thurner na dertig uur gevonden, in een canyon die zo ruig was dat zelfs een reddingsactie met een helikopter onmogelijk was. De reddingswerkers moesten hem op sneeuwschoenen komen redden.

Heb je ooit meegemaakt dat je een ingewikkeld probleem moest oplossen – niet per se een kwestie van leven of dood zoals Thurners situatie – maar geblokkeerd bleek, vastzat, gefrustreerd was en geen idee had? En toen je er het minst op rekende – misschien toen je het meest wanhopig was en het had opgegeven – kwam de oplossing in een flits? Dit moment dat je het loslaat en ruimte schept voor een creatief antwoord, houdt hersenonderzoekers bezig. Ze willen meer inzicht krijgen in de twee primaire manieren waarop de hersenen problemen oplossen, analytisch of intuïtief. Intuïtief bewustzijn, dat kan worden gezien als een moment van inspiratie of inzicht, lijkt voor te komen na perioden van zware stress, wanneer het analytische doel wordt losgelaten. Tijdens het proces van ontspanning en loslaten verschijnt de 'aha!'-oplossing.

Een prachtig voorbeeld van intuïtie die wordt toegepast als een vermogen dat zich op elk moment kan voordoen, vinden we in de muziek. Nadat hij een concert van de jazzpianist McCoy Tyner had gehoord, schreef muziekrecensent Barry Johnson: 'Jazz maakt ons slimmer, creatiever en flexibeler. Je luistert goed naar Tyner en dan wijst hij op nieuwe wegen die je in je leven kunt proberen. Een doodlopende weg hoeft niet fataal te zijn.' Hoe vind je in het leven, net als in de jazz, nieuwe wegen als je denkt dat je op een doodlopende weg bent aangekomen? Nancy Andreasen, psychiater en auteur van *The Creating Brain*, zegt dat creativiteit soms 'begint met een proces waarin associaties wild alle kanten uit gaan, nieuwe verbindingen vormen die vaak vreemd of onwaarschijnlijk lijken.' Bij analytisch denken wordt gebruikgemaakt van een kleiner aantal netwerken in de hersenen, maar bij intuïtief denken kan het brein in principe onbekommerd met de gekste gedachten en ideeën komen. Met andere woorden, er worden onbeperkt en ongecensureerd nieuwe verbindingen en associaties gemaakt. Maar dan moeten we wel risico nemen of een creatieve sprong durven wagen.

Kunnen we dit proces van loslaten en dan een nieuwe oplossing voor problemen vinden leren? Het brein heeft de ruimte nodig om nieuwe activiteitspatronen toe te staan. Pas dan kun je vrij en divergerend denken. Hersenonderzoekers denken dat de frontale cortex achter het voorhoofd als een toneel- of filmregisseur werkt, die alle elementen van de productie bij elkaar brengt. Maar de regisseur kan alleen creatief zijn als hij op zeker moment de controle uit handen geeft. Zoals Einstein zei: 'De intuïtieve geest is een heilige gave en de rationele geest een trouwe bediende. We hebben een maatschappij geschapen waarin de bediende wordt geëerd en de gave is vergeten.'

Allan Snyder, natuurkundige en directeur van het Centre for the Mind aan de universiteit van Sydney, heeft savants, die over een verbluffend reken- en artistiek vermogen beschikken, bestudeerd en met ze gewerkt. Sommige savants kunnen al op heel jonge leeftijd muziek spelen of tekenen; andere vertonen een opvallend intellectueel talent. Een van hen leerde bijvoorbeeld in een week vloeiend de oud-Germaanse taal Íslenska, of IJslands spreken. Snyder gelooft dat iedereen het verwerkingsvermogen van savants tot zijn beschikking heeft. Het geheim, zegt hij, is dat je concepten moet loslaten, omdat onze vaste aannames onze verborgen maar bestaande vermogens blokkeren. Volgens Snyder 'zien we constellaties in plaats van individuele sterren. Om creatief te kunnen zijn, moet je de stippen op een unieke manier met elkaar verbinden. Maar hoe kan dat als je de manieren blijft opleggen die je al kent?' Snyder werkt met een apparaat dat een transcraniale magnetische stimulator of een TMS-cap heet, die als een skimuts over het voorhoofd past en de conceptuele gebieden in de hersenen uitschakelt, zodat er ruimte ontstaat voor aangeboren creatieve vermogens.

Hier volgt een oefening om je creatieve inzichten aan te boren zonder TMS-cap. Hoe vaker je de oefening doet, hoe beter je je brein programmeert op intuïtief en divergerend denken.

Als je vastzit in een bepaald probleem, geef jezelf dan toestemming om de noodzaak een analytische oplossing te vinden, los te laten. Laat je verwachtingen los en doe iets ontspannends. Ga bijvoorbeeld een eindje lopen, breng een bezoek aan de dierentuin of luister naar muziek. Als je werkelijk aanwezig bent in je omgeving, bedaart het innerlijke lawaai in je hersenen.

---

9. Nodig de kracht en rust van intentie uit

Wanneer we de gewoonte ontwikkelen om op onze intenties te letten, hebben we een veel beter kompas om door ons leven te navigeren. We leren een blik te werpen op onze motivatie voor we spreken of handelen, wat ons vrij maakt om te leven zoals we willen.
Sharon Salzberg

Hoe sterk is de kracht van intentie? Werkt het echt om eerst een bedoeling te formuleren? Als je twijfelt over de kracht van intentie, denk dan even aan alle voorwerpen in je huishouden en je leven op dit moment. Geen enkel voorwerp is uit de lucht komen vallen. Er ging een intentie aan de wens, het kopen, het krijgen van die relatie en dergelijke vooraf. Elke daad of handeling begint met een intentie, of die nu bewust of onbewust is. Adverteerders weten dat en ze verzinnen een intentie om ons zover te krijgen dat we hun producten kopen. Als we niet zelf opletten, kunnen de intenties van anderen die van onszelf worden.

Intenties kunnen schadelijk, heilzaam of neutraal zijn. Intenties zijn het zaad dat je plant voor de uiteindelijke oogst van je leven. Wanneer een intentie telkens weer wordt herhaald, wordt de groef die door die intentie inslijt, een gewoonte of soms een verslaving. De gewoonte vormt dan iemands brein, karakter en leven. Er ontstaan problemen als intenties onbewust zijn of genegeerd worden, wanneer we niet de baas zijn over onze eigen intenties. Intentie heeft ook een bredere betekenis en toepassing.

De auteur Wayne Dyer beschrijft dat als 'hernieuwde aansluiting op de bron en doelen ontdekken'. Intenties zijn van wezenlijk belang, omdat ze meteen vorm kunnen krijgen in onze handelingen in de wereld. Met het vaststellen van een intentie raken we het hart van mindfulness: je volledig bewust worden van het moment, niet gehinderd door waanideeën en onwetendheid, en je diepste bedoelingen verwezenlijken.

Toen ik Patrick, een man van tegen de veertig, voor het eerst ontmoette, vertelde hij me dat hij depressief was omdat zijn vrouw wilde scheiden. Ik vroeg wat tot die situatie had geleid en Patrick beschreef zijn verontrustende obsessie met seks en het internet. Hij wrong zijn handen terwijl hij vertelde hoe zijn gedrag was geëscaleerd van kijken naar porno tot het organiseren van ontmoetingen om seks te hebben in steeds riskantere situaties.

'Mijn vrouw is erachter gekomen en nu wil ze bij me weg,' zegt hij met hangend hoofd. 'Ik wil mijn huwelijk redden, maar ik weet niet hoe.' Toen ik Patrick vertelde dat zijn gedrag op een seksverslaving duidt, was hij geschokt. Na zijn aanvankelijke ontkenning realiseerde Patrick zich hoe kwetsend zijn daden voor anderen waren. Toen stemde hij toe om aan zijn verslaving te gaan werken, aan zijn gewoonten en onbewuste intenties. De bereidheid om zijn verslaving te aanvaarden, was op zichzelf al een intentie om een nieuwe richting in te slaan, zowel op het gebied van wegen in de hersenen, als in het leven.

Door de voortdurende hevige wetenschappelijke discussies over de aard van intenties, zijn onderzoekers extra gemotiveerd geweest om het gebied in de prefrontale cortex te identificeren, dat activeert voordat we een bewuste keuze maken om een taak uit te voeren. Uit onderzoek blijkt dat niet alle intenties bewust zijn. Benjamin Libet, een onderzoeker op het gebied van fysiologie en menselijk bewustzijn en de auteur van *Mind Time*, stelt dat er een heel kort moment is – ongeveer een derde seconde – waarop iedereen zelfs tegen een onbewuste intentie zijn veto kan uitspreken.

Een ding is zeker: hoe meer mindful en bewust we ons worden van onze intenties, hoe meer vrije wil we krijgen om onze bewuste intenties en daaruit voortvloeiende handelingen te kunnen cultiveren. Door voortdurend te oefenen in mindfulness, kunnen we ons zelfs bewust worden van de subtielste intenties. Je zou die kunnen zien als fluisteringen van de geest. Die intenties zijn zo stilletjes en rustig als een fluistering, zodat ze je gemakkelijk ontgaan. Als je er eenmaal scherper op gaat letten, merk je vanzelf hoe intenties voorafgaan aan bijna alles wat je doet, van de kleinste bewegingen en alledaagse gedragingen tot het voortbrengen van een orkaan van sterke emoties.

Intentie is zo belangrijk in het boeddhisme dat de Juiste Intentie – ook wel de Juiste Gedachte – een van de wijsheidstrainingen in het Nobele Achtvoudige Pad is. Door deze training wordt de geest helder, zuiver en op liefde en vriendelijkheid gericht. Wrede of schadelijke gedachten en bedoelingen houden uiteindelijk op te bestaan, want ze kunnen vrijwel meteen worden geëlimineerd zodra ze op het radarscherm van de geest verschijnen. Het gaat erom dat je weet wanneer een intentie of gedachte schadelijk of heilzaam is. Boeddha zei het zo: 'De gedachte manifesteert zich als het woord. Het woord manifesteert zich als de daad. De daad ontwikkelt zich tot gewoonte. En gewoonten verharden zich in het karakter. Let dus goed op je gedachten en hun verloop, en laat ze voortkomen uit liefde die wordt geboren uit bezorgdheid om alle wezens.'

Een zachte bries zal nauwelijks een blad aan de boom in beweging brengen. Een tornado zal de hele boom ontwortelen. Zo maakt ook alles wat om je heen gebeurt een indruk op je, waarbij sommige dingen je geest nauwelijks in beweging brengen en andere hem helemaal op hol doen slaan. Welke indrukken scheppen die fluisteringen in je geest? Ga letten op het exacte moment waarop je het gevoel of idee krijgt dat je je wilt overgeven aan een handeling of gewoonte. Pauzeer dan even en vraag jezelf af welke gedachte, welke intentie of handeling net vooraf ging aan dit gevoel of idee. Als je de richting van je leven wilt veranderen, moet je je intentie sturen. Dit betekent dat je eerlijk over de gedachten, rationalisaties, intenties en attitudes moet zijn die je al hebt.

Zelfs als je niet precies weet wat de oorzaak van een gedachte, een sensatie in je lichaam of een intentie is, kun je op elk moment toch een andere, meer heilzame intentie invoeren. Hoe vaker je op een dag stilstaat bij je gevoelens en intenties, hoe meer je je bewust wordt van dit moment. Op den duur merk je je gedachten al heel vroeg op en kun je ongewenste gedachten onderscheppen voor ze zich manifesteren in daden met negatieve consequenties.

Een goede manier om intentionaliteit te creëren, is door het gewoon te oefenen. Je kunt de hele dag door bedoelingen verzinnen, om te ademen, te lopen, zitten, staan, autorijden of praten. Onderschep vooral die momenten waarop je geest beperkende intenties schept, met beweringen als 'ik zal het nooit goed doen op school, ik ben niet erg creatief, niemand wil echt horen wat ik te zeggen heb.' Wanneer je merkt dat er een negatief zaadje in je geest wordt geplant, moet je proberen er neutraal en nieuwsgierig naar te kijken. Het heeft geen zin om negatieve gedachten nog meer oordelen en beschuldigingen te laten creëren. Negatieve gedachten, negatieve reactiviteit en negatieve intenties ten aanzien van anderen zijn ook beperkend en schadelijk. Het helpt als je je oefent in gedachten over het geluk en welzijn van anderen. Ook dat is een nuttige manier om je geest af te wenden van ongezonde intenties. Je kunt jezelf ook voorstellen als een volledig verlicht wezen en je afvragen: wat zou mijn verlichte zelf doen? Een andere strategie is dat je elke ochtend met deze intentie begint: ik beloof plechtig dat ik alle mogelijke kundige middelen gebruik om bewust te worden vandaag. De volgende oefening is bedacht voor het cultiveren van een vreedzame intentiesfeer.

Oefen intentionaliteit vijf minuten per keer als volgt: verzin de komende vijf minuten intenties voor alles wat je doet. Je kunt dit het gemakkelijkst in stilte doen en als je niet wordt gestoord. Je kunt dit met elke activiteit doen, bijvoorbeeld als je kookt, eet, autorijdt, in de tuin werkt of het huis schoonmaakt.

Let op die keren dat je intentie niet uit je hart komt of niet goed is voor anderen. Beschuldig jezelf niet, maar begin opnieuw met een oprechte inspanning om je hart te openen. Blijf letten op die flintertjes begeerte of verlangen die in je bedoelingen sluipen, en aanvaard dat je je best doet om alles in je dagelijks leven bewust doelgericht te doen. Uiteindelijk wil je misschien de hele dag bezig zijn met het beoefenen van mindful intenties.

10. Stel je open voor je ware aard

Meer dan alles moeten we ons ware zelf voeden – wat je onze boeddha-aard zou kunnen noemen – want we maken zo vaak de fatale vergissing dat we ons identificeren met onze verwarring en daarmee onszelf oordelen en veroordelen, dat we dat gebrek aan eigenliefde voeden waaraan zo velen van ons tegenwoordig lijden.
Sogyal Rinpoche

Er was eens een babyarend die uit haar nest viel en terechtkwam op een boerenerf vol kippen. De kippen namen de verdwaalde en verweesde babyarend op als een van hen. Terwijl de kleine arend opgroeide tussen de kippen, ging ze geloven dat ze zelf ook een kip was. Ze deed haar uiterste best om te kakelen als een kip, graan te pikken als een kip en te paraderen als een kip. Maar al nam ze innerlijk een kippenaard aan, ze groeide uit tot een prachtige jonge arend, en omdat de kippen niet vlogen, spreidde de arend nooit haar vleugels om te ontdekken dat ze kon vliegen. Tot de kippen op een dag wegstoven en dekking zochten, omdat er een grote arend overvloog. Ook de jonge arend rende weg. Vanuit haar schuilplaats onder een boom wierp ze een blik op de majestueuze arend die moeiteloos voorbij gleed en wenste dat ze hoog in de wolken kon stijgen als een arend. Helaas zou de jonge arend dat nooit doen zolang ze de fout maakte te denken dat ze een kip was.

De waarheid is dat we allemaal arenden zijn die kunnen vliegen. Dat is niet hetzelfde als je ego of het kleine zelf met zijn verlangens opblazen; het gaat over het vinden van onze ware aard, zodat we de hoogten bereiken waartoe we in staat zijn en onszelf bevrijden van de gevangenis van beperkende en schadelijke overtuigingen.

'Ik kan nooit afmaken waar ik aan begonnen ben,' zegt Timothy, een knappe twintigjarige jongen, met monotone stem. Maar hoe overtuigend hij ook klinkt, uit mijn vraaggesprek met hem maak ik op dat hij allesbehalve lui is of iemand die het opgeeft. Ik hoor dat Timothy op de middelbare school altijd heeft gevoetbald, nu piano speelt en goede cijfers haalt in zijn studie. Timothy vertelt zachtjes dat zijn vriendin het na een jaar heeft uitgemaakt, waardoor hij radeloos en ongemotiveerd is. 'Ik kan een relatie gewoon niet lang volhouden,' zegt hij met zijn ogen naar de grond gericht.

'Zei je niet dat je derdejaars bent?', vraag ik.

'Ja.'

'Ik dacht dat je zei dat je nooit iets kon afmaken. Maar hoe zit het dan met de eerste twee jaar van je studie? Hoe ben je derdejaars geworden?'

'Ja, dat is zo. Dat was ik vergeten,' antwoordt Timothy met een kort lachje.

'En hoe zit het dan met een relatie van een jaar? Je bent er niet na een maand, twee maanden of zelfs een half jaar mee opgehouden, toch?'

'Nee, eigenlijk niet', antwoordt hij, al iets opgewekter.

Het is duidelijk dat in Timothy's hoofd het zeer overtuigende maar fictieve verhaal wordt afgedraaid dat hij zijn doelen niet haalt. Er is ook het feitelijke verhaal over zijn leven, waarin hij afmaakt waar hij aan begint – een verhaal dat hij negeert. Aan het eind van onze eerste sessie geef ik hem een opdracht: maak een eerlijke inventarisatie van je sterke kanten. Na verloop van tijd kan Timothy een accurater en minder bevooroordeeld verhaal over zijn leven vertellen.

'Mijn moeder zei altijd tegen me dat ik dik was en zette me op dieetpillen toen ik acht was, ook al had ik een normaal gewicht. Het was nooit goed genoeg wat ik deed,' herinnert de vijftigjarige

Anne zich. Terwijl ze het verhaal vertelt, barst Anne in tranen uit, alsof het verleden haar op dit moment overkomt, ruim veertig jaar na dato. In de eerste sessie komt ze telkens terug op het verhaal van het wangedrag van haar moeder, de afkeuring van haar moeder en haar eigen zelfmoordpogingen als gevolg daarvan. Nog maar twee maanden geleden lag ze in het ziekenhuis vanwege haar laatste poging.

Ten slotte zeg ik: 'Anne, ik merk dat je zelfs als we over iets anders praten, vaak terugkeert naar verhalen over je moeder. Merk je dat ook in je dagelijks leven?' Anne is lange tijd stil. 'Ik heb wel eens geprobeerd te tellen hoe vaak ik aan haar denk per dag, maar ik raakte de tel kwijt. Ik weet dat het een stuk beter gaat als ik niet aan het verleden of de toekomst denk.'

Annes verhaal over haar nare moeder heeft haar hele wereldbeeld gekleurd, als een reusachtige zonnebril. Ze ziet alles door het donkere filter van dit smalle verhaal. In de Dhammapada wijst Boeddha erop hoe gevaarlijk het is om je op een negatief verhaal te concentreren, zelfs als het waar is: '"Kijk eens hoe hij me mishandelde en sloeg, hoe hij me op de grond smeet en heeft beroofd." Als je met dergelijke gedachten leeft, leef je in haat... Laat dergelijke gedachten achter je en leef in liefde.' Omdat Anne blijk geeft van grote belangstelling voor mindfulness, laat ik aan het eind van de sessie een proefballonnetje op. 'Een van de dingen waaraan we kunnen werken, is een gezonde onthechting van de geschiedenis met je moeder. Wat vind je daarvan?'

'Dat zou ik graag willen,' zegt ze knikkend. Maar later in de week stuurt ze me het bericht dat ze momenteel voldoende steun krijgt en nu geen therapie nodig heeft. Ik vraag me af of ze bang was om het verhaal over het wangedrag van haar moeder los te laten. Soms lijkt een bekend verhaal, hoe pijnlijk ook, gerieflijker dan de gevoelens van onzekerheid, verantwoordelijkheid en het idee zelf de baas te zijn over je leven, die gepaard gaan met het scheppen van een nieuw verhaal.

'De huwelijksadvocaat van mijn man zegt dat ik een depressieve persoonlijkheid heb en daarom niet de voogdij over mijn kinderen mag krijgen,' zegt Margaret terwijl ze haar tranen wegslikt. 'Hij zal wel gelijk hebben, want ik slik al bijna tien jaar antidepressiva.' Op veertigjarige leeftijd verliest Margaret alles. Haar luxe SUV is in beslag genomen door de bank. Ze is twee huizen kwijtgeraakt door gedwongen verkoop, haar baan, al haar geld en krediet vanwege een faillissement en, misschien wel het ergste, tijdelijk ook de voogdij over haar kinderen. Margarets hele leven en identiteit zoals ze die kende, zijn letterlijk in beslag genomen.

In het jaar dat ik met Margaret werk, verschuift de grond onder haar voeten eindeloos. Het wordt haar duidelijk dat ze haar identiteit volledig heeft ontleend aan haar leefstijl en de keuzen die ze daarin maakte. Ze leefde het snelle leven, verzamelde meer en meer spullen tot het gewicht en de verantwoordelijkheid van die dingen overweldigend werden en niet meer vol waren te houden. De leefstijl van verzamelen kreeg meer prioriteit dan de tijd die ze met haar man kon doorbrengen, en haar drukke baan leidde tot een burn-out, voortdurende lichamelijke pijn en wrok. Margaret had het allemaal, zo leek het, maar ze voelde zich leeg en gedeprimeerd. Halverwege haar twintigjarige huwelijk ging ze over op antidepressiva en angstonderdrukkende middelen. Ergens onderweg was ze vergeten wie ze was, wat ze werkelijk belangrijk vond en hoe ze ware vreugde kon vinden.

Ik zal mijn laatste sessie met Margaret nooit vergeten, op een veelbetekenende dag, de dag nadat de scheidingspapieren op de rechtbank waren getekend. Ze komt mijn kantoor met een stralend gezicht binnen – haar 'sprankeling', zoals ze het is gaan noemen. Er is een hoofdstuk in haar leven afgesloten en ze wil maar wat graag aan een nieuw hoofdstuk beginnen. Terwijl we bespreken wat ze in deze moeilijke overgangstijd heeft geleerd, zegt Margaret: 'Ik ben nu trouwer aan mezelf dan ik ooit ben geweest. Ik heb ontdekt dat ik niet de depressieve persoon ben die ik volgens de advocaat van mijn man ben. Maar ik heb keuzen gemaakt die mijn ziel hebben uitgeput. De volgende keer dat ik depressief ben, zal ik eerst eens naar de keuzen kijken die ik in mijn leven heb gemaakt.'

De menselijke hersenen zijn geprogrammeerd voor verhalen. Het taalcentrum in de hersenen van drie maanden oude baby's licht op wanneer er een willekeurig aantal talen wordt gesproken. Verhalen vertellen is misschien wel een van de oudste en diepste aspecten van het mens zijn. Taal en verhalen geven ons leven betekenis, en verhalen kunnen onze werkelijkheid letterlijk vormgeven. Zoals we zagen, kan het gaan om een verhaal dat we onszelf vertellen (zoals Timothy deed), een verhaal van iemand anders (Annes moeder), een cultureel verhaal over de definitie van succes (Margarets keuzen in leefstijl) of een verhaal over de behoefte om koste wat kost gelijk te krijgen of veilig te zijn. In alle gevallen moeten we zien hoe ons geloof in een verhaal ons kan scheiden van onze ware aard.

Willen niet alle mensen diep in hun hart veilig, geborgen en bemind zijn? Dat is de wezenlijke goedheid van het leven. Als je op deze manier verbinding met het leven zoekt, is dat hetzelfde als je geboorteplaats lokaliseren en in contact komen met onze ware aard. Wanneer we dit op een natuurlijke manier doen – zonder te worden ondermijnd door angst, hebzucht of begeerte – lijken we op de plant die automatisch en zonder moeite zijn bladeren naar de zon keert. Maar heel vaak blijven we door verkeerde gewoonten in de schaduw, niet in staat om de zon te vinden. Vol van angst en onrust geloven we misschien dat we alleen met geweld en agressie kunnen krijgen wat we willen. Oorlog is een manier om veiligheid te krijgen en respect te eisen, maar wel tegen een grote prijs. Onze persoonlijke verhalen worden soms ook ingegeven door hebzucht en begeerte. We geloven misschien dat we alleen liefde en waardering kunnen krijgen als we macht, controle en externe zaken winnen. Maar veiligheid komt niet uit een situatie van verkramping, angst en gebarricadeerde vestingen vol wapentuig. Liefde en waardering kunnen niet groeien wanneer we opgaan in onszelf en personen, voorwerpen en trofeeën grijpen voor ons eigen gebruik. Heb je je wel eens afgevraagd hoe het leven zou zijn als je al die jaren van emotionele bagage, verwarring, twijfel en onwetendheid van je af kon werpen? Onze aard hoeft niet iets aan zichzelf toe te voegen of weg te halen om te zijn wat hij is. Je ware aard is altijd aanwezig op momenten dat je je geest voelt opstijgen als een arend. Gandhi noemde dit zielenkracht of *satyagraha*.

De volgende oefening helpt je je meer bewust te worden van je onveranderlijke ware aard, die niet afhankelijk is van verhalen van ik, mij en mijzelf.

Laat je bestaande verhalen je niet frustreren. Ze veroorzaken weliswaar verdriet, maar zijn ook een schat, omdat ze het zaad bevatten dat de weidsheid van het ware zelf op laat komen. Zoek een veilige plek waar je in stilte kunt gaan zitten, bijvoorbeeld in de natuur. Denk aan een van je beperkende verhalen. Dat kan een verhaal over hebzucht zijn, de behoefte om te winnen of een situatie die je naar je hand probeerde te zetten. Denk daar een paar minuten aan en haal onderwijl diep adem.

Laat je gedachten nu gaan over de diepe behoefte die achter het verhaal ligt – misschien gaat dit verhaal in wezen over verlangen naar liefde, nodig zijn, je veilig voelen of het vermijden van het verdriet, van schande of verlies. Maak contact met de diepere behoefte die dit verhaal tot uitdrukking brengt. Ga diep in op de waarheid van welke emoties dan ook in je verhaal of overtuiging – jaloezie, afgunst, lust, angst, haat, schaamte, verdriet of woede. Stop ze niet weg, maar grijp je er ook niet aan vast. Laat ze gewoon zijn en zie ze voor wat ze zijn.

Adem diep in elke emotie die aanwezig is en bekijk ze met een mild begrip. Laat weidsheid en leegte zich rond je uitbreiden. Let onderwijl op de kern van niet-jaloezie, niet-afgunst, niet-angst, niet-haat, niet-schaamte of niet-woede die daar sluimerend ligt. Laat die vanzelf bovenkomen, zonder verwachtingen. Ga daar gewoon in mee als dat gebeurt.

Het zien zoals het is. Het zijn zoals het is. Wat *een-ig*!

---

11. Gedachten aan je gedachten

De enige weloverwogen keuze die iemand heeft, is de kwaliteit van de aandacht die hij op elk willekeurig moment aan een gedachte schenkt.
Jeffrey Schwartz en Sharon Begley

Het komt wel eens voor dat je het gevoel hebt dat mindfulness niet werkt. Op zulke momenten hebben je gedachten een eigen wil, bij wijze van spreken. Misschien raak je gefrustreerd door de koppigheid van je geest en diens verbijsterende talent voor vergeetachtigheid, omdat je geest niet alleen vergeet aandacht te schenken, maar ook vergeet daarmee te zitten. Het lijkt dan wel of je geest je uitlacht en bespot om je zinloze pogingen om die te trainen.

In zo'n geval moet je je doelbewust richten op helder zien. Met een helder inzicht dring je door de mist heen, zodat je gemakkelijker ziet wat je ziet en opmerkt van je opmerkt. Het maakt een eind aan de verwarring en het zwakke inzicht in jezelf, in antwoord op vragen als: wat is er werkelijk hier in de geest, in mijn bewustzijn? Hoe kan ik voorkomen dat ik telkens op dezelfde obstakels stuit? Hoe kan ik meer inspanning en energie stoppen om van mindfulness elke dag mijn prioriteit te maken? Hoe vind ik anderen die actief een mindful leven leiden als bewuste keuze?

Het is vroeg in de ochtend als ik voor het eerst Brett op bezoek krijg. De drieëntwintigjarige man met zandkleurig haar en een gespierde bouw is nog maar net gaan zitten of hij begint te huilen. Zijn geschiedenis van depressie en angsten begon, vertelt hij, bijna negen maanden eerder, toen hij zijn eerste baan kreeg nadat hij was afgestudeerd, in de detailhandel. 'Mijn baas klaagt dat ik niet hard genoeg mijn best doe om te verkopen. Maar ik wil mensen niet dwingen,' zegt hij blozend. 'Soms ben ik zo overstuur op mijn werk, dat ik na de lunch bijna niet meer terug kan gaan. Eigenlijk had ik muziekles willen geven, maar ik dacht dat ik eerst beter kon rondkijken op de banenmarkt. Het liefst zou ik weer willen studeren, maar als ik deze baan nog geen jaar volhoud, staat dat niet goed op mijn CV.'

De stress en chaotische emoties hebben Brett totaal van zijn stuk gebracht. Hij kan niet helder beoordelen dat zijn baan botst met zijn waardesysteem en een dieper verlangen om les te geven. Mijn werk met Brett is erop gericht om hem in de richting te sturen van wat *hij* het belangrijkste vindt. Bretts situatie illustreert hoe moeilijk het is om je situatie duidelijk in te schatten als je je verpletterd voelt, niet op je innerlijke wijsheid wilt letten, jezelf uitput of worstelt met je zelfvertrouwen. Al deze dingen zijn een teken dat je leven uit balans is, waardoor je je geest moeilijk gedisciplineerd en helder kunt observeren.

Stel jezelf in zo'n geval twee vragen. Ten eerste: gedraag ik mij op een manier die schadelijk is voor mijzelf of voor anderen? Als je vaststelt dat je schadelijke dingen doet, is het zaak om zo snel mogelijk van koers te veranderen. De tweede vraag die je jezelf moet stellen: gedraag ik me ongepast? Een andere versie is bijvoorbeeld: zijn mijn intenties verkeerd gericht? Stel, je werkt hard. Op zich kan dat geen kwaad, maar je intentie om zo hard te werken is misschien ingegeven door hebzucht, lust of een andere misplaatste emotie. Als je eerlijk antwoord geeft op deze vragen, maak je het mogelijk om de verwarring in jezelf op te heffen, die het zo moeilijk maakt om gedachten aan je gedachten te wijden.

Wanneer we gedachten aan onze gedachten wijden, hoeven we niets weg te gooien. We hoeven niets te veranderen of te doen. Als je een situatie eerlijk en open onder ogen ziet, begin je de verwarrende obstakels al te verwijderen die het zo moeilijk maken om je op je geest te concentreren. Wat er op het moment ook in je omgaat, je kunt de inhoud observeren: woede, vreugde, verveling, depressie, frustratie, naakt bewustzijn, oordeelzuchtige gedachten, onbevooroordeelde gedachten, begeerten, vermijding, hebzucht, genegenheid, bevrijding, je gevangen voelen.

Laat ze allemaal de kamer in, je vrienden en vijanden. Laat ze zich vermengen en kijk wat er gebeurt. Laat elke gedachtedruppel uit de diepte omhoog komen en zich weer vermengen in de oceaan van het bewustzijn waaruit die is gekomen. En bedenk ook dat gedachten aan je gedachten betekent dat je je analytische geest moet ontstijgen om de onpermanente aard van mentale verschijnselen te begrijpen en er in door te dringen. Als je je geest observeert en onderzoekt, leidt dat tot vrijheid. We verlichten de geest door die gewoon te laten zijn wat hij is.

Gefeliciteerd met het voltooien van de lessen over de geestessleutel! Hiermee kunnen we in het volle bewustzijn en met zuivere observatie diep in aanraking komen met het moment. Je hebt een kijkje genomen achter de sluier van het wezenlijkste instrument van je bewustzijn: je eigen geest. Als je deze oefeningen blijft doen en je leven verbetert, beleef je elk bewust moment met nieuwsgierigheid en aanvaarding.

We ronden dit deel af met een algemene aanpak waarmee je deze lessen kunt toepassen.

Lees alle lessen over de geestessleutel nog eens door en kies er een die je op dit moment aanspreekt. Oefen deze specifieke les de komende week elke dag. Als de oefening vereist dat je daar dagelijks een bepaalde tijd voor vrijmaakt, reserveer daar dan elke dag de benodigde hoeveelheid tijd voor.

Begin met een klein, realistisch en bereikbaar doel. Als dat dus betekent dat je vijf minuten per dag moet oefenen, is dat al geweldig. Je kunt daar altijd vijf minuten aan toevoegen wanneer je maar wilt. Het komt erop neer dat je zelfvertrouwen kweekt en je inzet. Na een week oefenen wil je misschien overgaan op een andere les, maar voel je niet verplicht om dat te doen als je veel uit de oefening haalt waar je nu mee bezig bent. Je kunt de eerste oefening altijd aanvullen met een tweede en kijken hoe dat voor je uitpakt.

DEEL II

DE LICHAAMSSLEUTEL

Het lichaam is misschien wel het meest ideale vehikel voor de ervaring van het hier en nu. Elke les in de lichaamssleutel onthult de code waarmee je het huidige moment kunt binnengaan. Heb geduld wanneer de lichaamscode wordt onthuld en geniet van de lessen dat je lichaam zowel leraar als leerling is.

12. Adem bewust en mindful

Leer kalm te zijn en je zult altijd gelukkig zijn.
Paramhansa Yogananda

Vele eeuwen hebben onze traditionele religieuze stromingen verteld over de heilige verbinding tussen de adem en het goddelijke. Archeologen hebben in India beeldjes gevonden uit 2000 v. Chr., waarop mensen staan afgebeeld in yogaposities die samenhangen met de ademhaling. Het oude Sanskriet kent het woord *prana*, dat refereert aan de essentie van de levenskracht zelf. In het boeddhisme is de adem een microkosmos dat inzicht biedt in alle verschijnselen; het is een manier om rechtstreeks inzicht te krijgen in de aard van het voorbijgaande, hebzucht en loslaten. Het Hebreeuwse woord *ruach* wordt in het Oude Testament vaak vertaald als 'de Geest Gods' en betekent letterlijk adem. De bijbel zegt dat God leven in Adam blies en met het ontvangen van Gods adem, werd Adam vervuld van Gods wezen. Zelfs nu nog drukken oorspronkelijke Amerikanen zoals de Zuni de geest uit met woorden die ook voor wind en adem worden gebruikt. Kan een eenvoudige handeling als ademhalen de verbinding met ons diepste zelf helpen herstellen?

Het is een hectische dag in de kliniek waar ik werk. Wanneer ik de deur naar de volle wachtkamer open en de naam Bernard roep, word ik begroet door een bleke, slungelige man van eind dertig, die opspringt alsof hij in brand staat. Even later wringt hij zijn handen in mijn kantoor en lijkt het erg moeilijk te hebben. Als ik hem vraag wat hem naar deze kliniek heeft gevoerd, vertelt Bernard dat hij aan angst- en paniekaanvallen lijdt, zelfs in het lokaal waar hij lesgeeft als universitair docent. En dat is nog niet alles. Op allerlei terreinen in zijn leven wordt hij opgejaagd door angst en ongerustheid. Het kost hem steeds meer moeite om de deur uit te gaan en hij is bang om te vliegen. Als hij onthult dat hij in stafvergaderingen nauwelijks zijn mond open durft te doen, merk ik dat hij met zijn rechterhand naar zijn keel grijpt alsof hij stikt.

'Ik heb deze problemen altijd al gehad,' zegt hij op verslagen toon en voegt eraan toe dat zijn vader en moeder ook erg zorgelijk waren. Bernard maakt zich met name zorgen over een aanstaand bezoek aan zijn oude moeder in een andere staat. Hij weet niet of hij de vlucht wel kan maken zonder een complete paniekaanval te krijgen. Samen stellen we een behandelplan op met verschillende strategieën waarmee hij kan leren omgaan met zijn angst en paniek. Maar het belangrijkste is dat hij leert ademhalen vanuit zijn middenrif.

Na een week oefenen komt Bernard bij me terug en gaat zitten met een grijns op zijn gezicht. 'Je lacht,' is mijn commentaar. 'Is er iets goeds gebeurd wat je me wilt vertellen?' Opgewonden vertelt Bernard hoe hij een paniekaanval voelde opkomen terwijl hij lesgaf. Toen dacht hij aan de ademhalingshouding vanuit het middenrif, die ik hem had geleerd. Het paniekgevoel ebde weg en de studenten hebben niet gemerkt dat hij een toestand van diepe ontspanning inging, vlak voor hun neus.

Hoeveel keer haal je adem per dag? Doe je ogen dicht en tel je ademhalingen de komende minuut. Als je een sommetje maakt, kom je tot de ontdekking dat we ongeveer twintigduizend keer per dag ademhalen. Maar toch, van hoeveel ademhalingen zijn we ons bewust? Dat is precies hoe we toegang krijgen tot mindfulness, door het licht van ons bewustzijn op het onbewuste te laten schijnen. Als we bewust vanuit ons middenrif ademen (ook wel vanuit de buik genoemd), zetten we het aangeboren ontspanningssysteem en de thermostaat van ons lichaam aan.

En een ander gevolg is dat we ons kostbare wezen waarderen als we onze ademhaling opmerken en in contact komen met de essentie van onze aanwezigheid. Met onze ademhaling gluren we achter de sluier en zien we hoe we snakkend naar de levensadem ter wereld komen. Als je je adem inhoudt, stik je uiteindelijk. Het leven vereist voortdurend dat we loslaten. Dat is op zichzelf al een wijze les in onthechting. Elke ademhaling leert ons dat het tot leed en verdriet leidt als we te lang aan iets vasthouden. Loslaten is onze natuur, en dat is geen kleinigheid.

In fysieke zin hoeven we maar drie bewuste diafragma-ademhalingen te doen (vanuit het middenrif) om de bloeddruk, polsslag en ademhalingssnelheid te verlagen het bloed van lactaat te zuiveren en alfahersengolven te genereren, die ons in 'de zone' brengen. Bij diafragma-ademhaling wordt ook serotonine, de neurotransmitter die de stemming stabiliseert, afgegeven in onze bloedsomloop. En het verbijsterendste is misschien wel dat buikademhaling dit in slechts twintig seconden voor elkaar krijgt.

In fysiologische zin wordt het middenrif naar buiten gedrukt als we tot in de diepste delen van onze longen ademen, het vlies dat de borst- van de buikholten scheidt. Door de neerwaartse beweging van het middenrif wordt de buik samengedrukt en naar buiten geduwd. Daardoor drukt de buik weer op de *vagus nervus* (een bundel craniale zenuwen die langs de binnenkant van de ruggengraat loopt), waardoor de ontspanningsresponse wordt gestimuleerd en er serotonine vanuit de buik in de bloedsomloop wordt vrijgegeven en weer naar de hersenen stroomt.

Als we ondiep of hoog in de borst ademen, hebben we deze voordelen niet. We worden daardoor juist kwetsbaar voor het alert- en alarmsysteem van het lichaam, het vecht-of-vluchtsyndroom dat door ons lichaam en onze hersenen stroomt in de vorm van de stresshormonen adrenaline en cortisol. Na drie of vier dagen in deze toestand gaat het lichaam een chronische stresstoestand in en dat ondermijnt ons, weten we uit Bernards verhaal. Het heeft een negatief effect op onze slaap, maakt dat we verlangen naar vet voedsel en suiker, belemmert ons immuunsysteem en vernietigt zelfs T- en NK-cellen (natuurlijke killers) waarmee het lichaam ziekten bestrijdt. Bewust en aandachtig ademhalen om het lichaam te ontstressen, is een vorm van zelfgenezing. Het is ook interessant te vermelden dat bewuste ademhaling ook de stressresponse de loef afsteekt, omdat beide systemen niet tegelijkertijd kunnen opereren. Het breinlichaam wil zichzelf kalmeren van stress en kan wel een beetje hulp gebruiken.

Laten we dit nu eens in het echt proberen. Vergeet wat je eerder hebt gehoord over tellen en je adem inhouden. Het geeft niet of je door je neus of mond ademt. Doe gewoon wat natuurlijk voelt, zolang je maar lucht in de diepere delen van je longen krijgt. Let eerst eens op of je in je borst of je buik ademt. Je kunt dat testen met je ene handpalm op je borst en je andere op je buik, terwijl je normaal ademhaalt. Als je hand op je borst of beide handen bewegen, haal je oppervlakkig adem. Pas wanneer alleen je onderste hand beweegt, adem je volledig in je buik. (Als je duizelig wordt, haal je misschien te diep adem.) Ademhalen is als water in een glas gieten: eerst is de bodem vol en als je blijft gieten, raakt de bovenste helft ook vol. Het gaat er bij bewust ademen om dat je met normaal ademhalen lucht naar de onderste helft van je longen verplaatst. En als je nog niet zeker weet welke hand beweegt, kijk dan in de spiegel.

Je hoeft je geen zorgen te maken als je in je borst ademhaalt. We zijn allemaal geboren om in het middenrif te ademen. Kijk maar naar baby's, hoe hun buikjes rijzen en dalen met elke ademhaling. We zijn gemaakt voor buikademhaling. Onze ribben zijn verweven met spieren die tussenribspieren heten; de tussenribspieren scharnieren de ribben open, zodat we dieper kunnen ademen. Met bewust ademen, leren we opnieuw adem te halen zoals de natuur heeft bedoeld. De tussenribspieren strekken is gemakkelijk. Leg je handen achter je rug over elkaar. (Als je op een stoel zit, kun je naar voren schuiven, dan gaat het gemakkelijker.) Dit is de positie die soldaten innemen in de ruststand. Let op je ademhaling. Merk je dat je buik meer omhoog komt en uitzet nu je je ribbenkast opent? (Als je vrouw bent en je niet op je gemak voelt als je buik uitzet, vanwege culturele conditionering over de vorm van een vrouwenbuik, doe het dan als je alleen bent.) Zijn je maagspieren ontspannen? Dat is de bedoeling bij diafragma-ademhaling, maak je maagspieren dus zachter wanneer je oefent.

Nog een positie waarmee je de ribbenkast kunt openen en buikademhaling vergemakkelijkt, is wanneer je je handen achter je hoofd zet met de ellebogen naar buiten. Deze houding nemen atleten vaak aan om dieper te kunnen ademhalen na een inspanning. Let weer op waar de lucht naartoe gaat bij elke ademhaling. Welke positie – handen achter de rug of handen achter je hoofd – werkt het best voor jou? Je kunt ook effectief buikademen als je rechtop staat.

Het is belangrijk dat je de bewuste ademhaling in je dagelijks leven integreert. Je voelt je misschien heel kalm nadat je zo hebt geademd. Het kan zelfs zijn dat je moet lachen. Laat je lichaam elk gevoel ervaren dat bovenkomt. Je kunt buikademen als je op je rug of je zij ligt, wat betekent dat je het altijd 's nachts in bed kunt oefenen. Met voldoende oefening kan het je standaard manier van ademhalen worden.

Probeer de volgende oefening om de tijd die je nodig hebt om je brein en lichaam van stress te ontdoen een beetje in te korten.

Dit is een goede methode om mee te beginnen als je wilt leren in je buik te ademen. Plak op verschillende plaatsen kleurige stickers om je eraan te herinneren een minuut bewust in je buik te ademen. Plak er een op je wekker, zodat je er meteen 's morgens vroeg al aan denkt. Je kunt er een op de badkamerspiegel plakken, de koelkast, enzovoort. Op je werk is je computer of agenda een idee. Plak een andere op de achteruitkijkspiegel in je auto. Als je een beetje oefent, ga je het vanzelf leuk vinden om in alle delen van de dag bewust adem te halen. Op den duur ga je merken of je ademhaling oppervlakkig of diep is. Als je je ademhaling in de sfeer van je bewustzijn brengt, train je je lichaam opnieuw om gebruik te maken van zijn natuurlijke thermostaat waarmee stress wordt geregeld.

13. Doe eens rustig aan en geniet van het uitzicht

Het leven is geen race naar een wijkende toekomst, noch de hunkering naar een denkbeeldig verleden. Het is van de weg afslaan zoals Mozes deed bij het wonder van de brandende braamstruik.
R. S. Thomas

Met een open, welwillende houding zijn hart en geest in staat tot grotere vreugde en voldoening. Als we het rustiger aan doen en in het moment aanwezig zijn, betekent dat niet dat de dingen gaan zoals we willen of verwachten dat ze gaan. In plaats daarvan moeten we getuigen zijn van het wonder van de dingen *zoals ze zijn*. Als we dat doen, slaan we een brug naar een weidsheid die een verschuiving betekent van kleingeestigheid en oordeelzucht, emotionele gierigheid en benauwdheid. Deze weidsheid is stevig en groot genoeg om elk heden te bevatten, vreugde of leed. Wanneer we ons lichaam vertragen tot het tempo van de natuur, raken we de wereld op een tedere, bijzondere manier, en zo worden ook wij door de wereld geraakt.

Het is vroeg in de middag en ik heb net in Sellwood, een oudere wijk van Portland, Oregon, geluncht met een vriend. Ik heb de neiging om me naar huis te haasten, want er is tenslotte werk te doen en er staat altijd weer iets anders op de agenda. Maar terwijl ik naar de auto loop, zie ik een naam in het beton van het trottoir gedrukt staan. Dit is niet het gekrabbel van een kind, maar een leesbare naam en datum. Nu zie ik ook inscripties van andere namen, die terugvoeren naar de vorige eeuw, van 1912 tot 1916. Ik zou deze ongewone markeringen gemakkelijk kunnen negeren en teruggaan naar mijn jachtige leven, geobsedeerd door wat er in de toekomst ligt, het 'nog ongedane', zoals ik het noem. In plaats daarvan haal ik bewust adem om rustig te gaan lopen en op te gaan in deze omgeving, deze setting, dit moment. Ik besluit om het spoor van namen en scheuren te volgen die het verhaal van dit oude trottoir vertellen.

Onwillekeurig verbaas ik me over dit historische overblijfsel. Meestal spoelen onze steden het verleden weg om ruimte te maken voor het nieuwere, grotere, betere – een heilige overtuiging waar bijna nooit iemand vraagtekens bij zet. Maar hier word je op het platgetreden voetpad verbonden met een tijd en plaats waar buren voor hun portieken zaten, pratend en ijsthee nippend onder de eikenbomen. Ik draai mijn hoofd naar een nabijgelegen huis. Het sterk hellende dak en de fijn geschubde houten rand getuigen van een tijdperk waarin mensen een vak leerden en zich voldoende om hun omgeving bekommerden om er hun naam in beton te schrijven, zoals Johnson en O'Neill. *Ik was hier. Ik deed ertoe*, lijken ze te zeggen.

Op mijn zoektocht naar vergelijkbare markeringen loopt mijn vriend met me mee en we dwalen af van de stoepranden, de straten op, meanderend als zwerfkatten. Ook al is er nauwelijks verkeer, ik vind het heel moeilijk om op auto's te letten wanneer mijn neus naar de grond wijst. Hier en daar zijn nog stukken van het oorspronkelijke betonnen wegdek over, maar we vinden er geen inscripties zoals op het trottoir. Wel zie ik een aantal versierde mangatdeksels, gegraveerd met afbeeldingen van rozen. De bijnaam van Portland is Rose City. Ik vraag me af of er een verband is. Ik merk ook dat straatnamen, waarvan sommige verouderd zijn, op de hoeken van de stoepranden staan afgedrukt.

Een half uurtje later ontdekken we dat we een aantal straten van onze auto zijn afgedwaald. Teruglopend zie ik de bladerrijke eiken, een hoge cipres en andere bomen, die waarschijnlijk zijn geplant toen deze huizen werden gebouwd. Niet alleen heb ik toegegeven aan mijn nieuwsgierigheid, die me een beetje inzicht heeft gegeven in mijn stad, maar door mijn beslissing om even mijn pas te vertragen, heb ik er ook een blijvende herinnering bij. Ik heb deze positieve ervaring volledig in mijn bestaan aanvaard.

We hebben allemaal weleens ervaren hoe zelfs eenmalige negatieve of traumatische gebeurtenissen ons de rest van ons leven bijblijven. Dat is een overlevingstechniek die ons beschermt (zoals bij onze voorouders), door het potentiële gevaar voor altijd in ons geheugen te griffen. In plaats van de roofdieren die onze voorouders bedreigden, hebben we tegenwoordig te maken met stress veroorzakende gebeurtenissen die in een paar seconden dezelfde vecht-of-vluchtreactie veroorzaken. Daarom kunnen traumatische ervaringen krachtige herinneringen en flashbacks creëren, die nog jaren terugkeren.

Maar het kost niet meer dan twintig tot dertig minuten om een even langdurige positieve herinnering te vormen. Zie het leven maar als een regenboog met vele kleuren, en wat voor duisternis er in het leven ook bestaat, we zijn het onszelf verplicht om het hele kleurenspectrum in onze ervaring en ons geheugen op te nemen. Zelfs schijnbaar normale momenten zien we gemakkelijk over het hoofd, tenzij we zoals Mozes even vertragen en afslaan naar het wonder voor onze ogen, hoe klein, alledaags en schijnbaar onbetekenend ook. Probeer met de volgende oefening je levenstempo bewust te vertragen en te genieten van de helderheid en rijkdom waartoe dit lagere tempo uitnodigt.

Probeer elke dag minstens een kwartier bewust te vertragen, zelfs als je die tijd in moet plannen in je agenda. Gebruik deze tijd om een positieve en blijvende herinnering te creëren. Dit kan een aandachtige wandeling zijn, je lichaam even rust gunnen, mediteren, op zoek gaan naar de schoonheid van de natuur, van iets lekkers genieten of een nieuw café of restaurant bezoeken. Ga helemaal op in elke willekeurige ervaring – de afwas doen, rommel opruimen, een douche nemen. Onderga elke ervaring ongedwongen en volledig bewust.

14. Ervaar de volle aanwezigheid van je lichaam

Hij leefde op een kleine afstand van zijn lichaam en bekeek zijn eigen daden met onzekere zijdelingse blikken.
James Joyce

Een week nadat ik bewustwording van het lichaam had gedemonstreerd aan een meditatiegroep, kwam een lid bij me terug met een groot drukverband om haar duim. Misschien had ik me in moeten houden, maar je kon het zo moeilijk negeren dat ik vroeg wat er was gebeurd. Ze hield haar duim hoog in de lucht, zodat de hele meditatiegroep het kon zien en verklaarde zonder een zweem van beschuldiging of schaamte: 'Ik stond een salade te maken en werd afgeleid. Ik vergat bewust op mijn lichaam te letten.' Ze vertelde zonder omhaal wat er was gebeurd. Wat een goede leerling!

In de animatiefilm *WALL•E* wonen mensen van de toekomst op een enorm ruimteschip met hightech-machines die in al hun behoeften voorzien. Omdat de mensen zwaarlijvig zijn (of dat nu komt door te weinig beweging, te veel eten of beide, is moeilijk te zeggen), lopen ze nooit en bewegen alleen in zwevende leunstoelen die doen denken aan relaxfauteuils op steroïden. Op een gegeven punt in het verhaal hangt de overleving van de mensheid af van de vraag of één man, de kapitein, letterlijk kan opstaan en een paar stappen kan doen.

Wanneer we de verbinding met ons lichaam verliezen, verliezen we een van onze belangrijkste vermogens om mindful te leven. Doe nu meteen eens je armen opzij. Sluit je ogen en breng je armen langzaam naar elkaar toe tot de handpalmen elkaar raken. Hoe kon je met je ogen dicht weten waar je lichaam in de ruimte was? We hebben een natuurlijk gevoel dat *proprioceptie* heet, het vermogen om van moment tot moment inwendig de ruimtelijke oriëntatie van het lichaam in beweging waar te nemen. Je leeft misschien voornamelijk in je hoofd, maar je kunt altijd thuiskomen in je lichaam, het vitale besef van je bestaan, waarmee je voor het eerst ademhaalde.

James, een machtige, succesvolle advocaat van halverwege de vijftig, begroet me staand in de wachtkamer, met een hoofd vol dik zwart haar dat hem langer maakt dan hij is. Onberispelijk gekleed in pak en das geeft hij me een overdreven stevige hand. Zijn donkerbruine ogen zijn intens. James wekt de indruk van een succesvolle generaal die moeiteloos een leger kan commanderen.

Even later verandert James' postuur als ik hem in mijn kantoor vraag wat hem bij mij heeft gebracht. Zijn schouders gaan hangen, zijn ogen worden dof en hij legt zijn handen onhandig in zijn schoot. 'Ik heb het gevoel dat ik tekort schiet. Ik heb dat gevoel al sinds mijn puberjaren en het beïnvloedt mijn werk en relaties zo sterk dat ik... ik heb gewoon niet veel hoop,' zegt hij terwijl zijn stem wegsterft. Nu zie ik niet meer het zelfverzekerde hoofd van een advocatenkantoor voor me zitten, maar een verdrietig jongetje dat wordt geplaagd door negatieve en kritische gedachten over zichzelf.

Na verloop van tijd vertelt James me verhalen waaruit blijkt dat hij 'het nooit goed kon doen' voor zijn boze en veeleisende alcoholistische vader. James was drie keer getrouwd geweest en vond elke keer tekortkomingen in zijn partner die hij niet kon verdragen. Hoewel hij snakt naar een liefdevolle relatie, vindt James altijd een gebrek, zowel bij de persoon die hij wil leren kennen als bij zichzelf. Wanneer James met vrouwen praat, ratelt zijn brein altijd luidruchtig, zichzelf naar beneden halend: 'Je hebt weer het verkeerde gezegd! Zie je niet dat ze te mooi is voor iemand als jij? Je kunt nog zo je best doen, uiteindelijk komt ze er toch wel achter dat je niet goed genoeg bent.'

Tijdens onze sessies komt James erachter dat zijn beschuldigende geest niet feitelijk is, maar een oud script afdraait, dat eigenwijs, vervormd en oordeelzuchtig is. Hij gaat langzaam inzien dat zijn kritische geest de dingen vrijwel onmiddellijk in gepolariseerde categorieën indeelt: zwart en wit, goed en slecht, succes en mislukking, juist en fout. We boeken weliswaar vorderingen met het maken van een nieuw inwendig script, maar James is heel goed in het verdedigen van zijn kritische geest – zoals het een succesvolle advocaat betaamt.

Gelukkig gaat de weg van het lichaam voorbij aan die van de geest. Langzaam werken we eraan om James in zijn lichaam te krijgen. Dan vraag ik hem op een dag of hij wil weten hoe het zou zijn als hij af en toe zijn lichaam zou bewonen. Ik zeg dat we het samen kunnen doen en dat ik hem zal leiden. Hij stemt toe. Ik begin met James in zijn lichaam te verankeren, zorg dat hij zich bewust is van zijn voeten op de grond, zijn benen op de stoel, enzovoort. Na een paar minuten begeleide beelden en ademhaling vertel ik James dat we nu onze ervaringen in het lichaam van moment tot moment gaan delen. 'Ik voel een lichte spanning in mijn schouders,' zeg ik. 'Ik voel iets lichts in mijn gezicht, een gevoel van kalmte. Het gebied rond mijn mond voelt haast aan alsof het elk moment kan gaan lachen.' Ik doe dat een paar minuten, ik stem mij af op mijn zintuiglijke bestaan, wat de essentie is van de voelende toestand van het lichaam – of het nu gaat om een algemeen gevoel van comfort en gemak, angst, onrust, onzekerheid, woede, vrees, lichtheid, verkramptheid, enzovoort. Ik beschrijf mijn zintuiglijke wezen als 'licht en op zijn gemak, als een ballon die niet te weinig en niet te veel gevuld is.' Dan vraag ik James om te beginnen.

Hij spreekt aarzelend in het begin. 'Ik heb een beetje stijf gevoel in mijn nek,' en dan sneller, 'en ik vind dit dom en raar.'

'Vind je lichaam dit dom en raar, of zegt je geest dat dit dom en raar is?' vraag ik zacht.

'Mijn geest zegt het.'

'Blijf bij wat je lichaam ervaart,' zeg ik coachend.

James gaat door, terwijl hij er ongemakkelijk uitziet en ook zo klinkt. Zijn geest komt telkens tussenbeide, maar hij beseft steeds beter dat het zijn geest en niet zijn lichaam is die met negatieve commentaren komt. Na een minuut of vijf gebeurt er iets. De gekwelde uitdrukking op James' gezicht verdwijnt langzaam en terwijl hij in zijn lichaam komt, wordt zijn geest stil.

'Ik heb een beklemd gevoel op mijn borst,' meldt hij met een geamuseerde uitdrukking.

'Vertel verder.'

'Dat zit er altijd, een zwaar gevoel, alsof het wordt bewaakt, alsof er een muur zit.'

'Dat is je zintuiglijke wezen. Probeer het eens nauwkeuriger te lokaliseren.'

Er volgt een lange pauze voor James antwoordt: 'Mijn hart. Het zit rond mijn hart.'

'Verbeeld je dat je vreugde en geluk in dat deel van je lichaam kunt inademen,' instrueer ik. 'Adem warmte en medeleven in je hart. Kijk of je een beetje ruimte voor jezelf kunt creëren, weg van die muur en dat zware gevoel. Let ondertussen op of je je minder op je hoede en meer tederheid en openheid voelt.'

James haalt een paar keer langzaam, nadrukkelijk adem. Zijn lichaam lijkt zich meer te ontspannen en zijn borst gaat op en neer. Er komen tranen in zijn ogen. 'Ja, ik kan dit deel van mijn lichaam voelen opengaan. Er is minder zwaarte rond mijn borst.'

'Hoe voelt dat?'

'Het voelt goed, alsof ik een gevoel van volledigheid krijg. Het is een gevoel dat ik nog nooit heb gehad.'

Wanneer we de oefening beëindigen, is James verbaasd dat er

een kwartier om is. Hij is opgewonden over de ontdekking dat je het kunt voelen en ervaren als je hart is bewaakt, en niet iets is om bang voor te zijn of te vermijden. Maar het belangrijkste is dat James heeft geleerd dat hij er in kon opgaan en het gevoel kon verzachten. Dat zijn belangrijke vaardigheden voor iemand die gebieden met trauma's en oud zeer wil lokaliseren en genezen. Terwijl James zijn ervaringen verwerkt, bespreken we hoe we verder kunnen gaan om hem in zijn lichaam te krijgen, zelfs als hij aan het werk is. Dat is lastig, geef ik toe, maar het kan wel. Wanneer James het kantoor verlaat, lijkt hij te stralen als een kind dat iets kostbaars heeft ontdekt – wat hij ook heeft gedaan.

Het lichaam blinkt uit in het lokaliseren van het huidige moment. Het spreekt vanzelf dat je geen adem kunt halen voor gisteren of morgen. Het lichaam helpt ons ook vast te stellen welke oude lasten we met ons meedragen. Dit zijn de zegeningen van het lichaam. Dus als je merkt dat je een al te kritische geest hebt, dat je snel bezorgd bent of dat je vaak over de toekomst tobt, heb je vast veel aan de volgende oefening, die je aandacht centreert op het heden door gebruik te maken van je lichaam.

Als je merkt dat je bezorgd en angstig bent of opgaat in je gedachten, keer dan rustig terug naar je lichaam door je handpalmen zacht tegen elkaar te drukken. Merk hoe ver de spanning in je armen omhoog loopt (tot je polsen, ellebogen, schouders, enzovoort). Druk je handpalmen nu nog harder tegen elkaar. Voel je hoe je handen warmer worden? Je kunt ook je hielen stevig op de grond drukken en opletten wat je in je voetzolen voelt. Let bijvoorbeeld ook op de sensaties in je vingertoppen wanneer je typt op het keyboard van de computer. Voel de sensatie van warmte of koelte van je muis. Observeer je houding. Oefen ook om je aandacht naar je lichaam te brengen in andere dagelijkse omstandigheden. Maak elke keer als je het contact met je lichaam verliest gewoon opnieuw verbinding door neutraal en open te letten op de sensaties zoals ze komen en gaan.

---

15. Zoek evenwicht en neutraliseer stress

Het is geweldig dat we zo flexibel zijn, maar er zijn dingen waaraan we ons beter niet kunnen aanpassen... Onze hersenen en zenuwstelsels zijn door de natuur ontworpen om deel uit te maken van de natuur. Leven in een kunstmatige wereld maakt ons ontheemd, kwetsbaar en snel te beschadigen.
Richard O'Connor

Een Amerikaanse werktuigbouwkundig ingenieur, Frederick Taylor, publiceerde in 1911 een monografie met de titel *The Principles of Scientific Management*, dat onze opvattingen over onze relatie tot werk voor altijd zou veranderen. Taylor geloofde dat mensen efficiënter zouden werken als ze niet nadachten en hun gedrag strikt verbonden was met de klok. Hoewel er aanvankelijk weerstand was tegen dit nieuwe paradigma van de klok en efficientie op de werkvloer – zelfs het Congres onderzocht of het niet arbeideronvriendelijk was – burgerde dit standpunt al snel in en is nog steeds onze maatstaf.

De nadruk op productiviteit tegen elke prijs heeft ertoe geleid dat we onszelf als mechanische wezens zijn gaan beschouwen. We eisen steeds meer van onszelf, nemen werk mee naar huis, gaan niet op vakantie en transformeren de lunch – ooit het bastion van sociale contacten en ontspanning – tot een efficiënte en vreugdeloze activiteit waarmee we enkel onze fysieke motor bijvullen. We zijn gehoorzame machines geworden, die leven om te werken in plaats van werken om te leven. Maar we zijn geen machines. En we zijn niet immuun voor de effecten van deze voortdurende stress – echt of imaginair.

Een van de onthullendste studies naar stress is gedaan door de psychologe Elissa Epel en celbioloog Elizabeth Blackburn, Nobelprijswinnares. In een studie uit 2004 onderzochten ze hoe stress ons beïnvloedt op celniveau en de veroudering versnelt. Ze bestudeerden een zeer gestreste groep mensen: moeders van chronisch zieke kinderen. Nadat de moeders waren onderworpen een serie stressveroorzakende tests, werden de telomeren in hun immuuncellen bestudeerd. Telomeren liggen aan het uiteinde van chromosomen en helpen de cellen bij elkaar te houden. We verouderen omdat telomeren op den duur vanzelf dunner en korter worden. Wanneer de telomeer de cel niet meer kan beschermen, sterft de cel af.

Epel en Blackburn ontdekten dat niet alleen stress, maar alleen al het gevoel van stress telomeren bij de moeders verkortten. In een interview in *60 Minutes II* over hun onderzoek zei Blackburn: 'Hoe korter de telomeren waren, hoe erger de stress was die de mensen hadden gehad... Het was alsof in tien jaar tijd een exces aan extra veroudering in de bloedcellen van deze mensen was opgetreden... En dat is eigenlijk nog een onderschatting.' Epel doet een belangrijke psychologische observatie als ze zegt: 'De cel is geen gesloten systeem... Wat er in de geest gebeurt, met name hoe er met stress om wordt gegaan, kan wel degelijk de meest fundamentele eenheid van ons fysieke wezen beïnvloeden.' Epel en Blackburn ontdekten ook dat de vrouwen die een positieve houding cultiveerden en zichzelf distantieerden van stressvolle gebeurtenissen, gezondere telomeren hadden.

In een breder perspectief kunnen we stress zien als de uitdrukking van ons lichaam op dagelijkse ervaringen. In 2006 publiceerde Emma K. Adam, psycholoog en docent aan Northwestern University, haar onderzoeksbevindingen dat ons cortisolgehalte reageert op onze dagelijkse ervaringen. Mensen die met een eenzaam gevoel naar bed gaan, worden 's morgens wakker met een hoger cortisolgehalte dan mensen die zich niet eenzaam voelen als ze gaan slapen. Uit de studie bleek ook dat individuen die in de loop van de dag woede en angst ervaren, tegen bedtijd meer cortisol hebben opgebouwd. Deze reactie kan op de korte termijn adaptief zijn, legt dr. Adam uit: 'Cortisol helpt ons te reageren op stressvolle ervaringen en er iets aan te doen. Het is noodzakelijk om te overleven. Door de schommelingen in dit hormoon kunnen we beter omgaan met de veranderende eisen waarmee we in ons dagelijks leven te maken hebben. Als je naar bed bent gegaan met een gevoel van eenzaamheid, verdriet of gevoelens van overweldiging, komt er een stoot hormonen in de ochtend die je de energie geeft om aan de eisen van de dag te kunnen voldoen. Een hoog cortisolgehalte in de avond is een soort biologisch teken van een slechte dag.'

Gelukkig kunnen we terugkeren naar een natuurlijke toestand van harmonie en ons brein en lichaam zuiveren van stresschemicaliën, door in de loop van de dag balanspauzes van een minuut te nemen. Als ik workshops geef, stop ik expres een dia in mijn normale programma met daarop de vraag: 'Waar ben je nu?' Ik leg de groep uit dat we elke keer als die dia langskomt, even stoppen met wat we doen en gewoon aanwezig zijn. We brengen een minuut in stilte door, rustend in het huidige moment. We concentreren ons niet langer op leren of dit of dat doen, maar gewoon op het zijn in het moment. Laten we de volgende oefening eens doen.

Waar ben je nu? Waar waren je gedachten een moment voordat je deze woorden zag? Misschien dacht je aan iets wat je in de toekomst gaat doen; wie weet had je een gedachte over een conversatie of interactie uit het verleden. Of misschien dacht je aan iets wat je half vergeten was. Zie je hoe de geest kan werken? Hoe de ene gedachte tot de volgende leidt en dan weer een volgende? Op dit moment wil ik dat je op je houding let. Zit rechtop; probeer niet in te zakken. Voel jezelf zitten met een zekere waardigheid en gratie. Let op de sensatie van je voeten op de vloer. Duw je hielen een paar seconden stevig in de vloer en veranker je voeten in de aarde. Let op je ademhaling. Begin met de diafragmamethode die we eerder hebben besproken. Misschien helpt het als je je armen achter je rug houdt om dieper te kunnen ademen. Let op of je ademhalingen allemaal dezelfde duur hebben, zonder er iets aan te doen. Het ritme van je ademhaling moet natuurlijk en moeiteloos verlopen. Laat elke ademhaling rijzen en dalen, als golven in de oceaan, komend en gaand. Laat bij elke ademhaling een beetje meer los. Er is niets om aan vast te houden. Het is zo gemakkelijk om los te laten!

En let ten slotte op een spanning of beklemming in je lichaam op dit moment. Veel mensen voelen spanning in hun nek en schouders. Vergeet niet dat spanning vaak cumulatief is. Misschien voel je als je wakker wordt niet veel stress, maar die kruipt langzaam omhoog wanneer je overdag met stress te maken krijgt. Stel je bij de volgende ademhaling voor dat je adem door je kruin binnenkomt en vanzelf naar het deel van je lichaam stroomt waar spanning zit, dat opvult en ruimte en verlichting creëert. Verbeeld je dat een zuiverende adem deze spanning absorbeert en bij het uitademen met andere onzuiverheden in je hele lichaam, door je voeten naar buiten wegvoert.

Zo wordt de opgebouwde spanning diep in de aarde gedeponeerd om daar compost te worden. Blijf meer zuiverende lucht inademen, laat elke inhalering afstand creëren van stress, pijn, beklemming, en elke uitademing de spanning via je voeten naar de aarde afvoeren. Je merkt misschien dat de spanning in je lichaam afneemt. Je schouders of ander lichaamsdeel ontspannen zich een beetje. Geniet ervan dat ze zachter en meer ontspannen aanvoelen.

Zoals met elke geconcentreerde oefening gebeurt, trekken gedachten, geluiden, herinneringen of sensaties tijdelijk onze aandacht. Merk die eenvoudig op en keer kalm terug naar de ademhaling en het proces van ademen in de spanning. Als je nergens spanning voelt (des te beter), laat het ritme van je ademhaling dan door je lichaam stromen met een gevoel van vrede en aanwezigheid.

Nu je dit proces begrijpt, kun je voor jezelf een balanspauze van een minuut uitproberen. Je kunt jezelf timen met een stopwatch of klok. Soms is het beter om je ogen dicht te doen en gewoon een tiental ademhalingen te tellen; zo kun je je werkelijk concentreren op je lichaam en ademhaling. Doe als je klaar bent langzaam je ogen open en keer terug naar de omgeving om je heen.

Hoe voelde de balanspauze? Vaak beschrijven deelnemers aan workshops hun ervaringen als kalmerend, ontspannend of verfrissend. Sommigen melden dat ze na een paar van dergelijke balanspauzes alweer uitkijken naar de volgende. In het algemeen zijn ze meestal verbaasd hoe snel er stress in hun lichaam opkomt en hoe effectief we dat kunnen oplossen. Het is altijd goed om mensen te horen vertellen dat hun gedachten weliswaar bij de toekomst waren toen de dia verscheen, maar dat dit besef alleen al hielp om te kunnen centreren. Af en toe geeft iemand blijk van ongeduld of onwil om in het huidige moment te zijn. Ik merk wel eens iets van ongeduld als mijn presentatie wordt onderbroken. Maar na een moment ademhalen verdwijnt dat vluchtige gevoel vanzelf als ik begin aan het proces van de balansherstel.

Balanspauzes zijn vooral goed in tijden van onzekerheid en overgang. Neem een balanspauze tijdens het autorijden, voor een vergadering, terwijl je in een rij staat of op welk moment dan ook als er stress aan de horizon dreigt. Hier volgt een heilzame en praktische oefening die je in je balanspauzes van een minuut kunt implementeren.

Maak er een gewoonte van om minstens een keer per ochtend een balanspauze te houden, zelfs als je dat niet nodig denkt te hebben. Las er nog een in tijdens je lunchpauze en nog een aan het eind van de middag. Bedenk dat het maar om drie minuten gaat. Als je geen drie minuten per dag de tijd hebt om jezelf in balans te brengen, wordt het tijd om je leefstijl en waarden eens onder de loep te nemen.

---

16. Sluit vrede met voedsel, eten en honger

Ik ben de afgelopen twintig jaar constant op dieet geweest.
In totaal ben ik 789 pond kwijtgeraakt.
Als je het zo berekent, zou ik aan een bedelarmbandje moeten hangen.
Erma Bombeck

Alles wat je ziet, heb ik aan spaghetti te danken.
Sophia Loren

Waarom hebben zo veel mensen er moeite mee om de balans te vinden in hun eetgedrag? We leven in een tijdperk van overvloed in grote delen van de wereld, maar ook in een tijd waarin de complexe relatie met eten ook gepaard gaat met eetstoornissen, variërend van eetverslaving en dwangmatige obsessies tot chronische stress en verkeerde pogingen om jeugdtrauma's te verwerken. Niet alleen is voedsel een gemakkelijke medicatie tegen moeilijke gevoelens, we zijn ook genetisch zo geprogrammeerd dat we ons gedragen alsof voedsel schaars is. Ons lichaam is voortdurend gericht op honger. Zelfs als we goed doorvoed zijn, gedragen we ons als kleine eekhoorns als het op eten aankomt, altijd meer voedsel verzamelend om de winter door te komen. Soms is het heel moeilijk om vrede te sluiten met eten.

Als we de waarheid van onze complexe relatie met eten aanvaarden, hebben we al een eerste inzicht gekregen in de kracht van eten en wordt het mogelijk om normaler met voedsel om te gaan. In plaats van bijvoorbeeld het gevecht aan te gaan met eten – in de vorm van diëten, te veel eten, vreetbuien gevolgd door laxeren, uren en uren met eten bezig zijn – kunnen we eten in ons lichaam en hart uitnodigen als een vriend. Voedsel kan ons veel leren over onszelf, onze begeerten en verlangens, onze verbinding met alle levende wezens, onze verantwoordelijkheid voor de planeet en ons vermogen te genieten. Wanneer we ons bewust worden van voedsel, kunnen we er een gezondere relatie mee opbouwen.

We gaan maar al te gemakkelijk voorbij aan het feit dat eten een spirituele, intieme en unieke ervaring is. Misschien dat veel traditionele religies voedsel als metafoor voor het bereiken van de hoogste idealen gebruiken. Voor boeddhisten staat voedsel voor een weg naar gematigdheid, of de middenweg; voor christenen biedt voedsel een manier om tolerantie en liefdadigheid te beoefenen. In de islam staat voedsel voor gematigdheid en persoonlijke verantwoordelijkheid; in het jodendom is het een symbool van een groter doel, namelijk het leven eren als iets heiligs en gezegends.

Sta eens een ogenblik stil bij de aard van voedsel dat afkomstig is van een plant. Alle planten zijn levend en dynamisch, net als wij. Planten absorberen zonlicht, water, koolstof en voedingsstoffen uit de aarde. Een tomatenplant, bananenboom of andere plant heeft misschien niet hetzelfde soort bewustzijn als wij, maar alle planten produceren zuurstof die allerlei organismen nodig hebben om te kunnen ademen. Deze organismen, waaronder de mens, produceren op hun beurt de koolstof die planten nodig hebben om te leven.

Dat we meespelen in het concert van alle leven dat onderling is verweven en van elkaar afhankelijk is, wordt al heel lang door allerlei culturen als iets heiligs gezien. Veel inheemse Amerikaanse stammen oogsten bijvoorbeeld alleen een deel van de gewassen. Ze tonen ook nadrukkelijk hun waardering voor de dieren en planten die we van het leven beroven om ons te voeden. Tot op heden beschouwen veel culturen eten als een samenkomst van de gemeenschap, of ze nu eenstemmig zingend door rijstvelden waden of onder de sterren dansen in voorbereiding op een vruchtbare oogst.

Dat is iets om over na te denken: alleen levend voedsel dat op onze planeet groeit, is geschikt voor ons lichaam. Het wordt omgezet in de energie en het levensonderhoud dat we nodig hebben. Hoe zouden onze lichamen ooit dit wonder kunnen beleven als we niet uit hetzelfde basismateriaal bestonden als dergelijk voedsel? Met elke maaltijd kunnen we daar meer inzicht in krijgen. Zoals de levenswetenschapper Lyall Watson schreef in *Gifts of Unknown Things*: 'We zijn niet in deze wereld gekomen, we zijn eruit gekomen, als knoppen uit takken en vlinders uit cocons. We zijn een natuurlijk product van deze aarde, en dat we intelligente wezens blijken te zijn, kan alleen omdat we vruchten zijn van een intelligente aarde.'

Met dit gezichtspunt krijgen we een meer invoelend idee over voedsel. Wanneer we onnatuurlijk voedsel tot ons nemen – bijvoorbeeld kunstmatige ingrediënten, genetisch gemanipuleerd voedsel met nieuwe lichaamsvreemde moleculen of onverteerbare substanties en conserveringsmiddelen – verbreken we de natuurlijke band met de aarde en ontkennen we de heiligheid daarvan in het grotere geheel der dingen. We onteren de natuur, inclusief de natuur van ons eigen lichaam, onze geest en onze ziel. Zoals Carl Sagan zei: 'Als je een appeltaart helemaal vanuit het niets wilt maken, moet je eerst het universum uitvinden.'

Als we ons bewuster willen worden van onze verhouding tot voedsel, moeten we ook aandachtig eten, een vaardigheid die we kunnen leren en oefenen. Dat is iets anders dan een dieet volgen, wat enkel tot gevoelens van falen en een gebrekkig zelfrespect leidt wanneer het onmogelijk is vol te houden, zo blijkt uit onderzoek. Mindful eten is iets wat je je hele leven leert doen. De waarheid is dat onze eetgewoonten niet van de ene op de andere dag zijn ontstaan en ook niet zomaar verdwijnen. Het ergste wat er kan gebeuren bij elke willekeurige maaltijd is dat je minder aandachtig bent, maar je kunt bij elke volgende hap en elke volgende maaltijd meer aanwezig leren zijn. Zo'n geduldig en hoopgevend perspectief moet ons wel helpen om aandachtige eters te worden, waardoor we een gezonde en realistische relatie met voedsel krijgen.

Waar begin je dus mee? Als je de baas wilt zijn over je voedsel, moet je eerst je stress de baas worden. Alleen al met deze stap ga je bewuster met voedsel om. Probeer bijvoorbeeld een minuut vanuit je middenrif adem te halen voor je gaat zitten voor de maaltijd of je je eerste hap neemt. Wees je bewust van je emoties, omdat emoties onze minder bewuste eetgewoonten kunnen beïnvloeden.

Oefen verder ook om tot rust te komen tijdens het eten. Zo kun je beter op honger- en verzadigingssignalen letten, omdat het zo'n twintig minuten duurt voor het hersencentrum het signaal krijgt dat je genoeg hebt gehad. Vaak overeten we onszelf voordat we voelen dat ons lichaam vol is. Het is belangrijk dat je leert te eten in overeenstemming met de honger die het lichaam voelt, in plaats van alleen te eten met de ogen, bijvoorbeeld alles opmaken wat er op je bord ligt.

En doe ten derde je best om je onder het eten niet te laten afleiden, of in ieder geval voor een tijdje. Veel mensen die maar doorschransen of zich overeten, maken de fout dat ze eten zonder erbij na te denken. Wat zou dat een verschil maken als we een eiland van rust rond onze maaltijd zouden creëren. Neem de telefoon niet op, ga niet achter de computer zitten en kijk geen televisie onder het eten. Je zult eens zien hoe je verhouding tot eten vanzelf verandert.

Sluit vriendschap met je honger. Als voedsel je hongergevoel niet kan bevredigen, gaat het misschien niet om fysieke honger. Wees niet bang voor de sensatie van honger; het bepaalt niet wie je bent. Honger is een signaal dat je lichaam je stuurt om te laten weten dat het voeding en energie nodig heeft. In plaats van verwoed te gaan eten, afhankelijk van je eetlust, moet je jezelf afvragen hoeveel voedsel en wat voor soort voedsel deze honger kan bevredigen. Probeer je honger voor elke maaltijd ook een cijfer te geven tussen één en tien, waarbij één voor geen honger staat en tien voor extreme trek. Als je eet wanneer je honger tussen vier tot zes valt, helpt dat om bescheidener hoeveelheden te eten en je niet te overeten omdat je ontzettende honger hebt.

---

17. Word je bewust van een kosmische glimlach

Je lichaam is je enige huis in het universum... Je lichaam is zo'n complexe en ingewikkelde plek. Hoe meer je beseft wat een genuanceerd inwendig netwerk het is, hoe meer je je erover verwondert dat het in het geheim maar stilletjes blijft functioneren.
John O'Donohue

Ik heb John O'Donohue eens ontmoet op een conferentie waar we allebei spraken. Ik ben dankbaar dat ik ben aangeraakt door zijn bijzondere geestigheid, vriendelijkheid en lichte manier van doen. John had jarenlang als priester in Ierland gewoond voor hij het priesterschap opgaf om de roep van de filosofie en spiritualiteit te volgen als schrijver en spreker. Terwijl ik met John naar een tafel achter in een grote zaal liep, bespraken we onze ideeën over de presentatie, maar we lachten vooral veel. Hij bezat een bijzondere gave om lichtheid in het leven te vinden, en zijn lichtheid leek zich door heel zijn wezen te verspreiden, van zijn zangerige Ierse accent tot zijn brede glimlach en geamuseerde flikkering in zijn ogen. Tijdens deze korte ontmoeting was ik ontroerd over de openheid en vriendelijkheid die hij met me deelde, niet alleen in zijn gedachten, maar ook in de hartelijke handdruk en de manier waarop zijn hele lichaam in harmonie leek te zijn met elk volgende moment van nieuw bewustzijn. Hij was volstrekt integer; zijn lichaam leek zo verbonden dat er absoluut niets achterbleef.

De Kosmische Glimlach, of Helende Universele Glimlach zoals het ook wel wordt genoemd, is een oud gebruik in het boeddhisme en bepaalde andere tradities. Het is een directe manier om je lichaam te erkennen, de wijsheid daarvan en de verbinding met het brein en de geest. Toch is de Kosmische Glimlach geen ontspanningsoefening; het is in feite een proactieve manier om de motorisch-sensorische cortex van de hersenen te scannen. Als je je hierbij op een bepaald moment niet op je gemak voelt – vanwege een lichamelijke herinnering, een trauma of verwonding – stop dan en doe je ogen open. Geef jezelf de ruimte om afstand te nemen van het ongemak. Als er een overweldigend negatief gevoel blijft bestaan, moet je misschien professionele hulp zoeken.

Ga eerst in een gemakkelijke houding zitten of liggen, in een stoel of op een mat. Sommige mensen vinden het prettig om te gaan liggen met hun onderbenen op een stoel. Haal dan een paar keer centrerend adem. Neem je lichaam waar op de grond of op de stoel. Stel jezelf dan voor op een plek waar je je veilig en geborgen voelt – een favoriet strand, de bergen, een park, een lievelingskamer. Adem nu de pure, frisse lucht van die plek in. De lucht is vol vreugde en geluk, haal dus bij elke ademhaling die vreugde en dat welzijn naar je favoriete plek en laat alle cellen van je lichaam daarmee vollopen. Doe dit een paar keer achter elkaar tot je hele lichaam gevuld is met dit gevoel van vreugde en zuiverheid.

Haal nu adem en stel je voor dat je deze ademhaling helemaal kunt volgen van de linkerkant van je lichaam naar beneden, tot in je linkervoet. Concentreer je bewustzijn op je linkervoet wanneer je daar aankomt, van de wreef tot de toppen van je tenen en de boog onder je voetzool. Je aandacht blijft niet beperkt tot de buitenkant van je voet, maar richt zich ook diep in het weefsel, in de botten, spieren en pezen van je linkervoet. Observeer gewoon zo neutraal mogelijk wat je op dit moment voelt... en nu... en nu. Als je dat doet, kom je in contact met elke sensatie. Laat die los en maak plaats voor de volgende sensatie... en de volgende. Dit is een continu proces van contact maken en loslaten, contact maken en loslaten, en nog eens en nog eens. Als je op dit moment niets voelt, is dat helemaal niet erg. Je hoeft niet iets te creëren. Merk gewoon op dat je op dit moment niets voelt.

Volg je volgende ademhaling helemaal door de linkerkant van je lichaam, tot die aankomt bij je linkerbeen, van de knie tot aan de scheen en kuit en naar de enkel. Richt heel je aandacht op je linkeronderbeen. Voel net als eerder in je voet elke sensatie in dit lichaamsdeel, maak contact en laat los. Onderga elke sensatie volledig, wetend dat een sensatie ook niet meer is dan dat, niet goed of slecht. Zo is een smaak, zoet of zuur, ook niet goed of slecht; het is gewoon die smaak. Bekijk ook of je op dezelfde manier de sensatie kunt waarnemen voordat je geest met een naam daarvoor op de proppen komt.

Doe vervolgens hetzelfde met je linkerbovenbeen en richt daar al je aandacht op, dan je linkerhand, linkerarm, je rug en romp (inclusief de inwendige organen, zoals je lever, nieren, maag, hart en longen), je nek en schouders, gezicht en schedel. Dan kun je aan de rechterkant van je lichaam beginnen, waarbij je je aandacht richt op je rechterbovenarm, je rechter onderarm, je rechter bovenbeen, onderbeen en ten slotte je rechtervoet. Op deze manier heb je je aandacht omhoog gericht aan de ene kant van je lichaam en naar beneden aan de andere kant. Je kunt deze oefening ook doen met andere lichaamsdelen, bijvoorbeeld je enkels, schenen, knieën, heupen – of door lichaamsdelen zo te combineren als goed voelt.

De volgende oefening is niet verplicht, omdat die voor mensen met een trauma of verwonding lastig kan zijn. Je hoeft het volgende niet te proberen, maar als je een deel daarvan in je lichaamsscan wilt opnemen, lees dan verder.

Nadat je je lichaam hebt gescand en gevoeld, kun je nadenken over al het volgende: dankbaarheid, genezing en vergeving. Laten we ons eerst richten op dankbaarheid en de rechterhand als voorbeeld nemen. Wanneer je je rechterhand hebt gevoeld, denk je even na over wat je rechterhand vandaag voor je heeft gedaan. Heeft die je geholpen toen je onder de douche stond? Heeft je rechterhand je geholpen bij het aankleden? Heeft die je geholpen bij het maken van het ontbijt? En bij het autorijden? Misschien heeft die iemand omhelsd? Zend je diepe waardering naar je rechterhand, voor het feit dat die je opdrachten zonder klagen heeft uitgevoerd. Glimlach inwendig naar je rechterhand en laat die weten dat je dankbaar bent voor diens inspanningen om je leven gemakkelijker te maken en dat je er genoeg om geeft om ervoor te zorgen. Op dezelfde manier kun je je helende glimlach en waardering naar elk willekeurig lichaamsdeel zenden.

Mocht je besluiten om je te richten op genezing en vergeving, probeer dan het volgende. Als je voelt dat een bepaald gewond lichaamsdeel wel genezing kan gebruiken, neem dan even de tijd om er je helende intentie naartoe te sturen. Doet dit door in te ademen en je voor te stellen dat er een wit of gouden licht je kruin binnenkomt. Stel je voor dat dit helende licht naar het gewonde lichaamsdeel stroomt. Je zou ook kunnen visualiseren hoe dit licht ruimte schept rond de pijn of de verwonding. Stel je bij het uitademen voor dat het licht de spanning, benauwdheid en onzuiverheden uit dat lichaamsdeel wegspoelt. Visualiseer hoe de onzuiverheden het hele lichaam door worden gesleept en via je voeten naar buiten worden afgevoerd, de grond in om tot compost te worden verwerkt. Laat dat lichaamsdeel bij elke uitademing een beetje meer ontspannen. Je kunt ook je mentale intentie uitdrukken: moge dit lichaamsdeel geheeld worden en in harmonie en evenwicht zijn met de rest van mijn lichaam, zoals het was bedoeld.

En ten slotte kun je een lichaamsdeel, als je het gevoel hebt dat je het bewust of per ongeluk schade hebt berokkend, om vergeving vragen en je intentie kenbaar maken dat je in de toekomst beter voor je lichaam zult zorgen. Adem uit wanneer je klaar bent en laat je aandacht van dit lichaamsdeel los.

De hele Kosmische Glimlach kan zo'n twintig tot dertig minuten kosten, maar je kunt die ook gemakkelijk aanpassen tot een versterking van een paar minuten, door snel in gedachten elk lichaamsdeel te scannen en elkaar te glimlachen. Hier volgt een oefening voor dagelijkse toepassing van de Kosmische Glimlach: probeer de Kosmische Glimlach te doen zodra je 's morgens wakker wordt. Daarmee kun je je dag richten op dankbaarheid, weg van getob en oordeelzuchtige gedachten. Doe het een week lang als je je gedeprimeerd of zorgelijk voelt en kijk dan eens hoe je je voelt.

---

18. Loop wanneer je loopt, zit wanneer je zit

Ik ben niet bang om dood te gaan. Ik wil er alleen maar bij zijn als het zover is.
Woody Allen

Een vrouw hoorde over mindfulness en was nieuwsgierig. Toen ze hoorde dat er in de buurt een mindfulnesscentrum was, ging ze er naartoe en vroeg of ze de cursisten een dag mocht observeren. Terwijl ze belde met haar mobiele telefoon en luisterde naar haar iPod, maakte ze ook aantekeningen over het centrum, waar ze van de leslokalen naar de lounge en het cafetaria heen en weer liep. Aan het eind van de dag vroeg ze iemand of ze de hoofddocent kon spreken. Die vond het goed en vroeg de vrouw: 'Hoe kan ik u helpen?'

'Ik heb de hele dag naar uw mindfulnesslessen gekeken en heb een vraag voor u.'

De hoofddocent zei niets. Hij knikte alleen maar en glimlachte.

'Nou,' ging ze ongeduldig verder, bladerend door haar notitieblokje, 'ik heb gezien dat uw leerlingen lopen, zitten, eten en lezen. Maar dat doe ik ook allemaal thuis. Ik begrijp dus echt niet wat er zo bijzonder is aan die zogenaamde mindfulness die u hier leert.'

'U hebt gelijk dat u dezelfde dingen doet,' antwoordde de docent. 'Maar er is misschien een belangrijk verschil. Wanneer we lopen, lopen we ook. Wanneer we zitten, zitten we. Wanneer we eten, eten we. We brengen onze geest en ons lichaam volledig samen bij alles wat we doen.'

De vrouw wilde iets zeggen, maar haar telefoon ging over. Voor ze die kon beantwoorden, zei de docent knipogend: 'En we doen niet aan multitasking.'

Mindfulness kun je overal mee naartoe nemen. Vandaag neem ik mijn mindfulnesslessen mee naar een kunstcentrum in Los Angeles. De opvallende, elegante aardewerkvormen van Beatrice Wood, de beroemde pottenbakker, glanzen onder een zachte verlichting. Een gevarieerde groep mensen verzamelt zich voor een lezing en een les in mindful lopen rond een eikenhouten tafel. Nadat ik een paar basisregels van mindful lopen heb uitgelegd, steekt een man zijn hand op en stelt zich voor als Ben.

'Ik heb een eenvoudige vraag. Misschien omdat ik ingenieur ben, maar waarom zou ik in vredesnaam moeten leren lopen als ik al weet hoe dat moet?' Ben is in de zestig en duidelijk een nononsense type. Hij schuift zijn dikke zwart-gerande bril terug op zijn neus en wacht op mijn antwoord, er kennelijk op uit om mij uit te dagen.

'Mindful lopen gaat eigenlijk over aanwezig zijn,' antwoord ik. Om te verduidelijken wat ik precies bedoel, haal ik Henry David Thoreau aan, in zijn essay *Lopen*. 'Maar het komt wel eens voor dat ik het dorp niet zo gemakkelijk kan afschudden. De gedachte aan een of ander werk spookt door mijn hoofd en ik ben niet waar mijn lichaam is – ik ben niet echt in mijn hoofd... Wat doe ik in vredesnaam in het bos als ik denk aan iets buiten het bos?'

Dan borduur ik voort op Thoreaus vraag en stel er zelf een: 'Weten jullie hoe vaak een baby omvalt wanneer hij leert lopen?' Ik ga verder en vertel de groep dat ieder van ons ongeveer tienduizend keer valt bij zijn pogingen om te leren lopen, er elke keer iets van leert en weigert het op te geven. Maar als we het eenmaal onder de knie hebben, gaan we bijna vanzelf over op de automatische piloot. Natuurlijk, je loopt, maar je bent allang vergeten hoe het is om echt te lopen, zoals je ooit wel wist. Als je snel loopt, blijf je overeind vanwege het gyroscopische effect. Maar als je een beetje vertraagt, word je je er meer van bewust dat je in het hier en nu loopt. Zoals een wijs man ooit zei: 'Je weet dat je zover bent om mindful te lopen als je zover bent om te stoppen met rennen.'

Bij mindful of aandachtig lopen maak je gebruik van de basale driestappenmethode waarbij je geest en lichaam in harmonie versmelten. De driestappenmethode houdt in dat je de intentie bepaalt, actie onderneemt en je aandacht gebruikt om je observatie vast te houden. Dit betekent dat je (1) een intentie bepaalt, bijvoorbeeld dat je een stap met je rechterbeen zet, (2) deze intentie verwezenlijkt met een actie (die stap zetten) en (3) observeert wat er gebeurt (inclusief fysieke bewegingen en gedachten en waarnemingen).

Mindful lopen is zowel een oefening in mindfulness als in meditatie, omdat je ervoor in het huidige moment aanwezig moet zijn, terwijl je je ergens continu op concentreert (lopen), precies zoals je eerder hebt geleerd met ademhalen. Zoals voor elke geconcentreerde oefening geldt, dwaalt je geest vanzelf af. Dat is normaal. Breng je geest en lichaam in zo'n geval gewoon weer rustig terug bij de drie stappen: intentie, actie en observatie. In het begin voelt dat misschien onnatuurlijk aan, vooral omdat je daardoor trager gaat lopen. Het kan zijn dat je je lichaam maar moeilijk in balans krijgt. Als je het gemakkelijker vindt om zonder schoenen mindful te lopen, doe dat dan op een geschikte ondergrond. Je kunt thuis beginnen op een egale ondergrond, maar op den duur is mindful lopen ideaal om aanwezig te leren zijn op elke plek waar je je toevallig bevindt: op de trap, op weg naar een vergaderzaal of naar je auto om ergens anders naartoe te gaan.

Bepaal eerst de intentie om een stap met je rechtervoet te zetten. Voel ondertussen de beweging van je been, heup en voet. Voel en observeer je voet wanneer die de grond raakt. Bepaal vervolgens de intentie om een stap met je linkervoet te zetten. Zet zo een aantal stappen, terwijl je je intentie telkens opnieuw herhaalt. Als je dat enigszins gemakkelijk afgaat, ga je verder en verzin je nog een intentie voor elke stap.

Bepaal vervolgens twee verschillende intenties voor elke stap. Begin met de intentie om je rechtervoet op te tillen wanneer je een stap zet, en dan dat je je rechtervoet ook neerzet. Voel hoe je voet en been van de grond loskomen, en merk op hoe de hiel de grond raakt. Welk deel van je voet raakt het eerst de grond? Adem normaal terwijl je loopt. Als je geen moeite meer hebt met dit deel van de oefening, ga je een derde intentie aan elke stap toevoegen. Naast de intentie om je voet op te tillen en neer te zetten, wordt je intentie nu ook dat je je been vooruitzet in de lucht. Merk hoe je knie met elke voorwaartse beweging beweegt. En merk ook hoe je kleren aanvoelen als ze met de voorwaartse beweging mee bewegen.

De laatste intentie (waarmee je uitkomt op totaal vier intenties per stap) volgt vlak nadat je je voet op de grond hebt gezet. Nu voeg je de intentie toe dat je je gewicht naar deze voet en dit been verplaatst. Let op welke spieren verslappen en welke aanspannen terwijl je je gewicht van de ene kant van je lichaam naar de andere kant verplaatst. Hoe wordt je gewicht verdeeld over je voet die op de grond staat? Buigt je knie of spant hij aan? Er zijn nu vier afzonderlijke intenties voor elke stap: til de voet op, beweeg hem vooruit, zet hem op de grond en verplaats je gewicht naar die voet. Blijf zo lopen en houd je aandacht bij alle bewegingen. Komen er toch gedachten in je op, breng je bewustzijn dan weer terug naar de intentie, handeling en observatie van het lopen.

Je kunt ook een intentie bepalen wanneer je je lichaam moet draaien. Doe dat wanneer je de nodige aanpassingen moet doen om van richting te veranderen. Het effect is te vergelijken met een reeks snel opeenvolgende foto's van één moment, waarbij je elke foto duidelijk en met je volle aandacht bekijkt.

Elke keer dat je een beweging mindful uitvoert, breek je met je automatische lichaamsbewegingen verslavende patronen, want je verlegt je aandacht naar het huidige moment, waarbij je je lichaam en schakelingen in je hoofd opnieuw traint. Dezelfde basistechniek die je op mindful lopen toepast, kun je op alle dagelijkse bezigheden toepassen, zoals zitten, koken, eten enzovoort. Je kunt ook mindfulness in de werkelijke tijd en op de werkelijke snelheid gebruiken. Dit houdt in dat je met aandacht let op bewegingen die je in een normaal tempo uitvoert. Probeer dat te doen terwijl je in een normaal of behoorlijk tempo loopt, maar doe niets anders tegelijk. Blijf je concentreren op de alles overkoepelende intentie van lopen. Let op elke beweging terwijl je loopt, waarbij je je herhaalde intentie gericht houdt op de handeling.

Ga mindful lopen in tijden van overgang. Een overgang brengt vaak onzekerheid met zich mee, waardoor stress soms toeneemt. Laat jezelf lopen met een volkomen gratie, vreugde en bewustzijn van je lichaam – zoals de helden in de film *Independence Day* deden toen ze zelfverzekerd en triomfantelijk door de woestijn paradeerden nadat ze de mensheid hadden gered. Elke aandachtige beweging helpt je de aangeboren waardigheid, balans en schoonheid van je lichaam te herinneren.

19. Laad je batterijen op met slaap

> *Het komt vaak voor dat iets wat 's nachts een lastig probleem lijkt, de volgende ochtend is opgelost nadat het slaapcomité eraan heeft gewerkt.*
> John Steinbeck

De gemiddelde westerse mens heeft een jaarlijks slaaptekort van ergens tussen de twee- en vijfhonderd uur. Uit een enquête van de Amerikaanse National Sleep Foundation bleek dat het percentage mensen dat doordeweeks acht uur of langer slaapt, van 38 procent in 1998 tot 26 procent in 2005 was gedaald. Volwassenen zijn niet de enige slapelozen. Steeds meer kinderen, van de middelbare school tot een vervolgopleiding, drinken cafeïnehoudende dranken (inmiddels een bedrijfstak met een omzet van 5 miljard dollar per jaar) om alert te blijven. Maar volgens de American Academy of Sleep Medicine hebben kinderen van schoolgaande leeftijd tien tot elf uur slaap per nacht nodig.

Niet alleen is slaap net zo noodzakelijk om te overleven als zuurstof en voedsel, maar het is ook heel belangrijk om effectief in ons brein te leren verblijven. Het lichaam heeft ook slaap nodig om te helen en zich goed te voelen. Al na drie nachten te weinig slaap raakt ons lichaam in een toestand van chronische stress. Het is duidelijk dat het immuunsysteem en het lichaam uit balans raken als er voortdurend stresshormonen aanwezig zijn. Slaapgebrek leidt ook tot complexe metabolische veranderingen die samenhangen met verlangen naar eten. Uit een wetenschappelijk onderzoek is bijvoorbeeld gebleken dat mensen die minder dan vijf uur per nacht slapen, beduidend meer wegen dan mensen die meer dan acht uur slapen – een verschil dat wordt veroorzaakt door de verandering in de hormonen die eetlust en metabolisme reguleren. Uit andere studies komt naar voren dat er ook een verband is tussen slaapgebrek en obesitas bij kinderen. Als we niet kunnen slapen, geeft ons lichaam de belangrijke signalen af dat het geen balans en rust kan ervaren.

Ik heb veel cliënten die moeite hebben met slapen. Soms zijn slechte gewoonten de oorzaak: tv in de slaapkamer, te veel cafeïne, alcohol en een hyperactieve geest. Cafeïne heeft bijvoorbeeld een lange halftijd terwijl die door de lever wordt omgezet. Dat betekent dat cafeïne die je in de ochtend drinkt, tot wel 36 uur in het lichaam kan blijven. En cafeïne is niet alleen stimulerend, het bindt zich ook aan de receptor in de hersenen die het lichaam nept door te denken dat het niet moe is. Maar we kunnen niet eeuwig uit de slaapautomaat pinnen. Er komt een moment dat ons lichaam terugbetaling verlangt omdat er een slaaptekort is.

Het menselijk lichaam is ingesteld op zonlicht. Ons biologische ritme wordt van nature geregeld door duisternis. Dan neemt het melatoninegehalte toe en worden we slaperig. Het kunstmatige licht van televisie, mobiele telefoons en computers verstoort de aangeboren slaapmechanismen. Tenzij je aan slaapapneu of een andere aandoening lijdt, zal je lichaam slapen als je het daarbij helpt. Het is wel belangrijk dat je niet te hard probeert of je lichaam wilt dwingen om te slapen, want door die extra inspanning wordt je geest alleen maar actiever en is de slaap verder weg dan ooit. Vertrouw erop dat je lichaam op een gegeven moment vanzelf weer wordt gecentreerd. Heb geduld wanneer je je lichaam opnieuw traint en je de slaapbalans herstelt.

Heb je een bewust slaapritueel dat je elke avond uitvoert ter voorbereiding op een goede nachtrust? Topsporters vertellen heel vaak dat bepaalde rituelen voor een wedstrijd helpen, bijvoorbeeld stretchen, het juiste voedsel eten en mentale visualisatie. Misschien heb je wel een ochtendritueel voor je naar je werk gaat. Je neemt bijvoorbeeld eerst een douche, kleedt je aan, eet, zegt je gezin of huisdieren gedag, enzovoort. Vaak onderschatten we de concentrerende en kalmerende kracht van bewuste rituelen. Een bewust avondritueel is bijvoorbeeld dat je een kwartier tot een uur voor je naar bed gaat, langzaam ontspant van de hectiek van de dag en je geest en lichaam tot rust laat komen.

Het is vaak een goed idee om dat elke avond op een vast moment te doen. Doe bijvoorbeeld eerst de televisie, computer, telefoon of andere elektronische apparatuur uit. Als je de lichten uitdoet, simuleer je de zonsondergang. Een kop kamillethee of warme melk kan een signaal zijn dat het tijd is om te gaan rusten. Een warm bad, kalmerende muziek of een troostend boek is eveneens een optie. Ook lichamelijke oefening is bevorderlijk voor de slaap, maar dan wel twee uur voor bedtijd, want beweging stimuleert het lichaam.

Slaap is geen multitasking, wat betekent dat je je slaapkamer zou moeten beschouwen als een heilige slaapruimte. Slaapdeskundigen adviseren om de slaapkamer te verlaten als je 's nachts wakker wordt om te gaan lezen of iets anders niet al te stimulerends te gaan doen. Ga terug naar de slaapkamer als je weer slaperig wordt. Zorg ook dat de slaapkamer donker is. Licht dat bijvoorbeeld van lantaarnpalen op straat door de ramen naar binnen kiert, kan de kwaliteit van de slaap beïnvloeden.

Wat als je gedachten maar in je hoofd blijven rondtollen en je niet kunt stoppen met tobben over al die probleempjes die je de volgende dag wachten? Je zou als onderdeel van je slaapritueel een stuk papier naast je bed kunnen leggen waarop je al die gedachten noteert. Alleen al de wetenschap dat je die hebt vastgelegd en er de volgende dag over kunt nadenken, helpt hun greep op je geest te verminderen, zodat je je kunt overgeven aan de slaap. Als je je op een gegeven moment 's nachts zorgen maakt dat je niet kunt slapen, probeer dan je bezorgde gedachten bewust te verzachten met diafragma-ademhaling. Het helpt ook wel eens om bij elke ademhaling een kalmerend woord of zinsdeel te herhalen, bijvoorbeeld 'kalme geest', 'vredige slaap' of 'een', die in de plaats komen van je tollende gedachten.

Hoe onevenwichtig je slaappatroon ook is, je kunt de balans herstellen. Ik heb eens gewerkt met een voormalig amfetamineverslaafde, Barry, die bijna twee jaar lang 's avonds niet had geslapen. 's Nachts gebruikte hij medicijnen en sliep halfwakker, als hij al sliep, als de zon opkwam. Barry schaamde zich zo voor zijn verslaving dat hij zich vaak verstopte in luchtkokers of andere onconventionele ruimten om te slapen, waar niemand hem kon zien en zijn rare slaapgedrag kon koppelen aan zijn drugsgebruik. Zijn slaapritueel werd een belangrijk onderdeel van zijn genezingsproces. Het kostte hem bijna een jaar voor hij zijn lichaam opnieuw had getraind om de hele nacht door te slapen. Voor Barry betekende slapen een terugkeer naar het normale leven, waarin hij als een 'echt' mens kon functioneren. Het werd een vorm van discipline die er ook toe bijdroeg dat hij het zelfvertrouwen kreeg om een baan te houden en zijn leven op nieuwe en bevredigende wijze in te vullen.

Hier volgt een nuttige oefening waarmee je je batterijen weer kunt opladen in je slaap.

Visualiseer hoe je je tollende gedachten en tobberijen uit je hoofd krijgt. Stel je een grote container voor, terwijl je vanuit je middenrif ademhaalt, waarin je al je zorgen, ongerustheid en onrust stopt. Stel jezelf dan voor hoe je het deksel op de container met al je verontrustende gedachten legt en hem op slot doet. Voor je hem wegzet, moet je jezelf nog een keer afvragen of er nog iets anders is dat in de container moet. Zo ja, stop die gedachte er dan ook nog in. Nu kun je je container heel ver van je vandaan brengen, bijvoorbeeld achter een stenen muur, op de bodem van de zee of aan de donkere kant van de maan. Voor je de container op slot doet, moet je jezelf nog een laatste keer afvragen of er nog iets in moet. Als je eventuele laatste gedachten in de container hebt gedaan, moet je hem op slot doen. Je kunt er altijd weer bij komen als het nodig is, maar voorlopig hoef je alleen maar te weten dat je al je zorgen en gedachten hebt opgeborgen. Die kunnen wel tot morgen wachten.

20. Stel je de pijn van je lichaam voor

> *Gebeurtenissen kunnen fysieke pijn veroorzaken, maar op zichzelf veroorzaken ze geen leed. Weerstand veroorzaakt leed ... Het enige probleem in je leven is de weerstand van je geest tegen het leven zoals het zich ontvouwt.*
> Dan Millman

In de film *The Matrix* strijdt Neo, een personage dat door Keanu Reeves wordt gespeeld, tegen de alomtegenwoordige en schijnbaar onzichtbare Agent Smith, een alwetend computerprogramma dat moet voorkomen dat mensen zich bewust worden van de valse realiteit waarin ze gevangen zitten en daaruit proberen te ontsnappen. Voor mensen die in de Matrix vastzitten en die geloven dat Agent Smith en de wereld van de Matrix echt zijn, zijn de kogels die door de computer worden gegenereerd ook echt. Pas aan het eind van het verhaal, wanneer Neo dit geloofssysteem verbrijzelt en letterlijk in Agent Smith en de Matrix kijkt, wordt Neo van angst bevrijd en kan hij Agent Smith overwinnen. Neo ontdekt dat Smith niet zo'n tastbare, substantiële en bedreigende kracht is als hij had gedacht.

In bepaalde opzichten is Agent Smith hetzelfde als pijn wanneer die ons leven gaat beheersen: we geven die veel meer controle dan verdiend is. Waarschijnlijk hebben we oude, onbewuste geloofssystemen over pijn, die toelaten dat de pijn ons beperkt en gevangen houdt. Maar net als Neo hebben we allemaal het vermogen om een nieuw inzicht en een mentale toestand te creëren die onze waarneming en beleving van pijn veranderen.

Kort nadat hij in New York terug was van een reis naar het buitenland, begon Norman zich ziek te voelen. Norman was een man van middelbare leeftijd, zeer actief en een enthousiaste tennisspeler, die gealarmeerd raakte toen zijn symptomen verergerden. Hij kreeg pijnlijke gewrichten en zijn hele lichaam deed pijn. Hij ging naar de dokter, die een bloedtest afnam, met onheilspellend resultaat. De bezinking in zijn bloed, waarmee nonspecifieke ontstekingen worden gemeten, was ver boven normaal. Toen die opliep tot 115 – meestal een teken van een kritieke aandoening – werd hij opgenomen in het ziekenhuis. Zijn toestand verbeterde niet en om het allemaal nog erger te maken, was hij ongelukkig over de hoeveelheid bloed die dagelijks werd afgenomen, het menu van kant-en-klaar-maaltijden en een volgens hem onnodige blootstelling aan röntgenstralen tijdens de tests. Een artsenteam stelde de diagnose van een bindweefselziekte in de familie van reuma en artritis.

Binnen enkele dagen verergerden de symptomen aanzienlijk. Norman omschreef het zelf zo: 'Het kostte me de grootste moeite om mijn ledematen te bewegen of me zelfs maar om te draaien in bed. Er verschenen knobbels op mijn lichaam, van die kiezelachtige dingen onder mijn huid, wat erop wees dat de ziekte in mijn hele lichaam zat. Op het dieptepunt van mijn ziekte zaten mijn kaken bijna vast.' Een specialist gaf Norman een minimale kans van een op vijfhonderd dat hij helemaal zou herstellen. Maar Norman wilde zich niet automatisch bij die prognose neerleggen. 'Tot op dat moment had ik het min of meer aan de dokters overgelaten om zich over mijn toestand te bekommeren. Maar nu voelde ik mij gedwongen om in actie te komen. Het leek me duidelijk dat ik meer moest zijn dan een passieve observant, wilde ik die een op de vijfhonderd zijn die herstelt.'

Norman dacht lang na over zijn buitenlandse reis, hoe hij zijn lichaam had blootgesteld aan giftige hoeveelheden stress en ook dingen die milieuvervuilend waren. Op basis van het bredere beeld, in plaats van zijn individuele symptomen, stelde Norman zijn eigen diagnose: zijn endocriene systeem was uitgeput en zijn bijnieren disfunctioneerden. Het daagde hem dat hij de beledigingen aan zijn lichaam en geest misschien kon terugdraaien, zowel met voeding als emotioneel.

In 1964, het jaar waarin Norman ziek werd, was de conventionele geneeskunde zich nog niet volledig bewust van de schadelijke effecten van stress en negatieve gedachten op het lichaam. Norman stelde een plan op voor vitaminesupplementen die ook volgens zijn huisarts geen kwaad konden. Maar belangrijker was misschien nog wel dat zijn arts Norman enthousiast steunde in zijn overtuiging dat negatieve gevoelens het lichaam kunnen schaden en dat positieve gevoelens de genezing van het lichaam kunnen versnellen. Door Normans hoop te delen, zette hij de deur naar mogelijke genezing verder open. Gesteund door de steun van zijn arts ging Norman onmiddellijk tot actie over. 'Zelfs nog voordat we klaar waren met de voorbereidingen om het ziekenhuis te verlaten, begonnen we aan het programmaonderdeel dat vroeg om volledige inzet van positieve emoties, die een rol spelen bij de ondersteuning van chemie in het lichaam,' legt Norman uit.

Hij begon aan een dieet van komische films om zijn pijn te verlichten. En het zien van de grappige, domme en oneerbiedige fratsen van de Marx Brothers en andere komieken hielp ook echt! Norman ontdekte dat 'tien minuten echt schuddebuiken van het lachen een verdovend effect had en me minstens twee uur pijnloze slaap opleverde.' Norman testte de bloedbezinking voor en na een lachbui en ontdekte dat die na elke dosis humor licht daalde. Al snel begonnen de kiezelachtige knobbels te slinken, hij werd langzaam weer mobieler en Norman kreeg hoop dat hij het zou overleven. Er was echter één negatieve bijwerking: zijn gelach en de films hielden patiënten in zijn omgeving 's nachts uit hun slaap!

Norman Cousins' jacht op genezing en gezondheid veranderde de richting van zijn leven meer dan hij ooit had kunnen voorspellen. Hij rukte zijn gezin uit de vertrouwde omgeving weg, nam ontslag als redacteur bij de *Saturday Review* in New York en ging lesgeven aan de medische faculteit van de University of California. Als initiator op het hypermoderne onderzoeksgebied van geneeskunde die zich richt op lichaam én geest, beïnvloedde hij een hele generatie artsen en zorgverleners. Zijn moeilijke start en overgangsrite door zijn ziekte leidden ertoe dat hij zijn leven lang onderzoek bleef doen naar het verband tussen dingen als humor, vreugde, hoop, geluk en positieve gevoelens en de manier waarop die de chemie in het lichaam positief beïnvloeden. Cousins werd een gerespecteerd onderzoeker die de kloof dichtte tussen traditionele geneeskunde en een groeiend besef dat de mentale toestand de gezondheid beïnvloedt.

Maar dit is nog maar de helft van het verhaal. Zoals Norman Cousins al vermoedde, stimuleert humor het endorfinegehalte en groeihormoon in de mens aanzienlijk, twee regulatoren van het immuunsysteem. Nieuw onderzoek levert telkens positieve resultaten op over de invloed van lachen op onze geestelijke en lichamelijke gezondheid. Dr. Lee Berk, wetenschappelijk medewerker op het gebied van huisartsenij aan de het Irving College of Medicine aan de Universiteit van Californië, bestudeert het effect van humor op het lichaam en heeft met zijn collega's ontdekt dat het alleen al een positief effect heeft als ze patiënten opdragen om naar grappige films te kijken, want dat is bevorderlijk voor hun gemoedstoestand. Nadat ze ook echt naar een grappige video hadden gekeken, werden deelnemers getest op de stresshormonen cortisol, epinefrine en DOPAC. De onderzoekers maten een opmerkelijke verlaging in al deze hormonen.

In een andere studie maakte Berk gebruik van lachtherapie bij een groep patiënten met een groot risico op diabetes. De controlegroep kreeg de standaard zorg, terwijl de experimentele groep een half uur naar zelf gekozen humor keek plus de standaard zorg kreeg. Nadat Berk beide groepen een jaar had gevolgd, merkte hij dat de experimentele groep een significant lager gehalte aan stresshormonen vertoonde dan de controlegroep. Ook vertoonde de experimentele groep een daling van 26 procent in goed (HDL-) cholesterol, in vergelijking met een daling van slechts 3 procent in de controlegroep. Er wordt steeds meer onderzoek gedaan waarin wordt aangetoond dat de geestelijke toestand het lichaam beïnvloedt. Als het om lachen gaat, blijkt uit onderzoek ook dat de effecten van humor veel langer aanhouden dan ze voor het eerst worden waargenomen en dat het ook helpt om hardop te lachen. Geniet dus van die momenten van lichtheid.

De volgende oefening helpt je om pijn door een rozere bril te bekijken.

Maak een lijst met doelen die je in je leven wilt bereiken, ook al heb je nu pijn. Misschien is die lijst anders dan je pijnvrije lijst, maar dat betekent niet dat deze doelen niet belangrijk of bevredigend voor je zijn. Bedenk ook dat doelen kleine dingen kunnen zijn, bijvoorbeeld een wandelingetje maken, je aan een hobby wijden of de zon zien ondergaan.

---

21. Laat je begeerten los

Een goede renner laat geen sporen na.
Lao Tse

Begeerten kunnen allerlei vormen aannemen. Ze kunnen ons naar iets toe trekken of aversie creëren en juist afstoten. In beide gevallen zijn ze soms zo sterk dat we blind worden voor wat er eigenlijk om ons heen gebeurt. Een probleem met een verlangen of begeerte is dat die niet verdwijnt wanneer je eraan toegeeft. Het wordt een tijdje het zwijgen opgelegd en komt dan terug. Deze cyclus kan tot uitputting en hopeloosheid leiden. Maar met mindfulness hoeft een begeerte ons niet blind te leiden naar waar we niet willen zijn. Wanneer je je bewust op de begeerte richt, kan die een bondgenoot van inzicht worden.

Begeerte is beslist een belangrijke oorzaak van leed in de wereld. We worden door hebzucht in de val gelokt, omdat het onze aandacht ernstig vernauwt, tot we alleen nog maar dat zien wat we zo vreselijk graag willen hebben. Wanneer we verstrikt zitten in onze hebzucht, moeten we een bredere, aandachtige blik lokaliseren. Illustratief daarvoor is het voorbeeld van apen die vasthouden aan voedsel dat ze in een kalebas vinden, zelfs als dat betekent dat ze het niet kunnen opeten of zichzelf zelfs kunnen bevrijden. Het voedsel wordt in een uitgeholde kalebas geplaatst, maar de opening is zo klein dat de aap er nauwelijks zijn hand in kan steken.

Als hij het voedsel uiteindelijk te pakken heeft met zijn vuist dicht, kan hij zijn hand niet meer terugtrekken. De aap zit vast. Hij zou zich wel kunnen bevrijden door het los te laten, maar de ijzeren greep van de hebzucht houdt hem op zijn plaats. Dit is een mooie metafoor voor onze eigen 'verstriktheid', wanneer een verlangen zo sterk is dat we het gevoel hebben het niet meer los te kunnen laten. Daarbij voelen we ons ook hulpeloos en hopeloos. Begeerten kunnen bij iedereen de vraag oproepen: is het mogelijk om werkelijk vrij te zijn? Gelukkig kunnen wij leren wat de aap die in de val was gelopen, niet weet: het geheim om je te bevrijden van een begeerte is door die te ondergaan en dan los te laten.

Hier volgt een tweeledige aandachtige meditatie waarmee je van je begeerte je bondgenoot maakt. Het eerste deel helpt je fysiek ervaren hoe groot de kracht van je begeerte is voor je een deel van de energie loslaat die je eraan vastbindt. Ik noem dit verbreding van de aandachtige blik, een proces waarin we leren begrijpen wat begeerte inhoudt en we dichter bij de vrijheid van het moment komen.

Doe je ogen even dicht en visualiseer je begeerte. Wat het ook is, stel je voor dat het in de kalebas ligt die de aap in de val liet lopen. Strek nu je arm uit en wurm je hand door de nauwe opening in de kalebas. Laat je hand grijpen naar het object en het letterlijk vastknijpen. Hoe hard je je hand ook al hebt dichtgeknepen, knijp hem nog harder dicht! Houd dat zo, zelfs als je hand moe begint te worden. Merk hoe het voelt om een begeerte vast te grijpen en niet meer los te laten. Voel hoe pijnlijk dat is. Ervaar hoe het is als een begeerte je verstrikt en je leven op dit moment schaadt.

Sta jezelf nu toe om de begeerte los te laten, door je hand te ontspannen. Besteed minstens een minuut aan het langzaam loslaten van je begeerte. Je zou tegen jezelf kunnen zeggen: 'In dit moment kan ik mijn geest ontspannen, mijn hebzucht ontspannen, mijn hand ontspannen en mijn begeerte ontspannen.' Vouw langzaam je gebalde vuist open. Voel hoe het bloed naar je hand terugloopt. Beweeg je vingers en merk hoe je hand weer vrij kan bewegen. Let op hoe plezierig het voelt om los te laten. Trek nu langzaam je arm terug, haal je hand uit de val en laat je begeerte daar voorlopig achter.

Breid je bewustzijn nu uit naar de ruimte om je heen die groter is dan je begeerte. Je kunt je aandachtige blik uitbreiden door van moment tot moment op te letten wat je in je lichaam voelt. Haal bewust, langzaam adem en let op de verschillende kleuren in de kamer, luister naar de geluiden of ruik de geuren om je heen. Observeer hoe je begeerte mogelijk nog altijd in de kalebas ligt, maar je hoeft er geen greep naar te doen. Je kunt er op een mindful manier gecentreerd en geaard naar kijken. Vergeet ook niet dat begeerte een impuls kan zijn om iets anders te verdringen. Iedereen die met anorexia, sociale onzekerheid of angsten worstelt, lijdt aan begeerte in de vorm van vermijding. Ook dit soort ervaringen kun je je voorstellen in de kalebas. Hoe groot of klein de begeerte ook is, je kunt deze meditatie gebruiken om fysiek te observeren hoe het voelt om een begeerte los te laten.

Het tweede deel van deze meditatie is gebaseerd op het idee van 'surfen op de drang', een uitdrukking van de psycholoog Alan Marlatt.

Als je in de greep bent van een begeerte, kun je erop 'meesurfen' en de rit tot het eind uitzitten, nieuwsgierig observerend. Hoe voelt het van moment tot moment? Je kunt erin meegaan zonder te proberen je begeerte te beheersen, weg te werken of eraan toe te geven. In plaats daarvan kun je merken dat je de begeerte volledig kunt ondergaan zonder er gehoor aan te geven. Als je je begeerte voelt en erop meesurft, kan dat geen kwaad. Net als golven in de oceaan komen ze op en ebben ze weg in de branding. Af en toe is de branding rusteloos; op andere momenten is er nauwelijks een rimpeling te bekennen. Hoe meer je meesurft op je begeerten en drang, hoe beter je begrijpt dat ze komen en gaan, zodat je je er meer bij op je gemak voelt. Het gaat erom dat je leert inzien dat je het innerlijke stemmetje van je begeerte niet het zwijgen op hoeft te leggen; je kunt heel goed besluiten om het alleen te observeren in plaats van ernaar te luisteren.

Hier volgt nog een oefening om je begeerten te leren loslaten.

Begin met aandacht te schenken aan de stem van de onuitputtelijke begeerten van je hongerige spook, het deel van jou dat nooit voldaan lijkt te zijn. In het Tibetaanse boeddhisme wordt het hongerige spook afgebeeld met een grote mond, een lange, slanke nek en een reusachtige buik. Het hongerige spook heeft dus nooit genoeg. Maak een lijst van je begeerten en let daarbij vooral ook op je oordeelzuchtige geest. Weet dat je innerlijke begeertewolf emotioneel behoeftig is en wees meelevend aanwezig voor dit behoeftige deel van jezelf. Het bestaat in ons allemaal. Naarmate je je meer bewust wordt van wat je innerlijke begeertewolf verlangt en werkelijk nodig heeft, kun je ook vaststellen hoe je die behoeften beter kunt bevredigen.

---

22. Let op je lichaam

De waarheid is dat er weliswaar leerstellingen en oefentechnieken zijn, maar dat we allemaal onze eigen weg moeten vinden.
Pema Chödrön

Het lijkt ironisch dat we ons levenslang om ons lichaam bekommeren – de armen, benen, ogen, oren, mond enzovoort – omdat het zo is gemaakt dat het langzaam uiteenvalt en uiteindelijk faalt. En toch zorgen we voor ons lichaam en onderhouden we het, omdat het wijsheid en kennis draagt. Het is een schatkamer waarin we het huidige moment kunnen bewaren en aanraken. Het is ons middel om vreugde te vinden en ons open te stellen voor de wereld. Het is een fantastisch instrument, hoe voorbijgaand ook. In deze laatste lichaamssleutel wordt de nadruk gelegd op het kostbare, unieke aspect van je lichaam. Zelfs wanneer je je bewust bent van de strijd die je lichaam levert – vanwege trauma's, pijn of om een andere reden – kun je gewoon naar je lichaam luisteren zoals het is.

Het is een frisse, zonnige dag in Portland wanneer ik een les voorbereid voor een groep met Robert Reynolds, een klassiek geschoolde kok in de Franse keuken. Hij zal de groep leren hoe je voedsel mindful voorbereidt en kookt, en ik zal leren hoe je mindful eet. Voor we de keuken in gaan, vertelt kok Robert hoe de Fransen kinderen trainen om al op jonge leeftijd van eten te genieten en kritisch te zijn. Hij beschrijft hoe Fransen, zoals veel volken, midden op de werkdag een lange pauze nemen, naar huis gaan en met hun gezin een complete maaltijd genieten – mindful voorbereid en met oog voor de kwaliteit van de ingrediënten. Op zeker moment pakt kok Robert voorzichtig een ui op, wiegt die in zijn handen en zegt met een twinkeling in zijn ogen: 'Fransen kijken naar een ui en zeggen dan "God heeft je volmaakt geschapen; wat zouden we nu eens kunnen toevoegen aan die volmaaktheid?"'

En inderdaad wiegt Robert al het voedsel met aandacht en liefde. Onder zijn begeleiding bereidt de groep een roomsaus voor een eenvoudig maar elegant maal van tilapia en asperges. Ze bakken wortelen en rode paprika's zonder vel en pureren die tot een volmaakte consistentie. Pas dan voegen ze kruiden toe. Volgens kok Robert moet je een ding tegelijk doen, eerst aandacht schenken aan de consistentie en dan je volle aandacht richten op het kruiden. De kunst van het koken én de kunst van het leven kun je het best liefdevol beoefenen, langzaam, van moment tot moment.

Je lichaam verlichten, betekent dat je je lichaam waardeert en er verbinding mee maakt, door de houding aan te nemen dat 'God je volmaakt geschapen heeft' (Ik betwijfel of een ui, tomaat of olijf zichzelf inferieur voelt aan een ander). Dit bedoelde priester Thomas Merton toen hij schreef: 'Hoe meer een boom zichzelf is, hoe meer hij als Hem is... Deze specifieke boom zal God glorie schenken door zijn wortels zo in de aarde te spreiden en zijn takken in de lucht en het licht te verspreiden als geen enkele boom voor of na hem heeft gedaan of ooit zal doen.' Die wetenschap is hetzelfde als je verbinden met de innerlijke wijsheid van mindfulness.

Als je dat te moeilijk vindt, kun je gewoon volgen wat het lichaam doet. Thich Nhat Hanh heeft het daarover als hij zegt: 'Er zijn twee manieren waarop je de afwas kunt doen. De eerste manier is dat je de afwas doet om schone vaat te krijgen, de tweede manier om de afwas te doen om de afwas te doen.' Welke van deze manieren zou jij kiezen? Welke manier kies je daadwerkelijk?

Niemand zegt dat je van je lichaam moet houden om mindful te zijn. Je kunt het haten en toch mindful zijn, maar die emotie is niet heilzaam voor jou of je leven. Misschien is de wetenschap dat dit jouw lichaam is waar je op moet letten voorlopig genoeg voor je, en dat je er naar beste vermogen op moet letten – aandachtige stap voor aandachtige stap, een stuk vaat per keer, een simpele ademhaling per keer. Met de lessen over de lichaamssleutel heb je al een aantal stappen gezet op de reis van een groter bewustzijn en met meer openheid en aanvaarding in het moment zijn. Integreer deze lessen in je leven en je zult merken dat nieuwe schatten van vreugde en voldoening je wachten.

Hier volgt een algemene oefening om je lessen over de lichaamssleutel toe te passen:

Lees alle lessen over de lichaamssleutel nog eens na en kies er een waar je op dit moment het meest aan hebt. Neem je voor om deze oefening eens per dag te doen, of het nu ademhalen, de Kosmische Glimlach is of het loslaten van begeerten. Kies na een week oefenen een andere les waar je iets aan denkt te hebben en doe die ook een hele week. Zoek manieren om elke oefening zo te modificeren dat die in je dag past. Het gaat erom dat elke oefening een onderdeel gaat vormen van de manier waarop je je tijd vanzelf gebruikt en er niet los van staat.

DEEL III

DE ZIELSLEUTEL

De lessen over de zielsleutel illustreren hoe we het huidige moment kunnen aanraken door het vinden van een diepere betekenis en zingeving. We moeten begrijpen hoe we de code van de ziel kunnen ontsluiten, zodat we ons voldaan voelen en inzicht krijgen in onze plaats in de kosmos. Met elke zielsleutel ontdek je misschien dat het ontsluiten van deze code gemakkelijker is dan je had gedacht.

23. Zoek aansluiting met de bron van de natuur

Verdiep je grondig in de natuur en je zult alles beter begrijpen.
Albert Einstein

Een van de grootste uitdagingen van deze moderne tijd is dat we moeten leren hoe we grenzen kunnen stellen aan de ons omringende technologie. Uit een onderzoek naar verkeersveiligheid van de AAA Foundation uit 2009 bleek dat een op de vijf mensen sms'jes of e-mails stuurt tijdens het autorijden. De techniek kan nog zo'n zegen zijn, we moeten wel begrijpen dat we gemakkelijk robotten worden als we meegaan in de 24-uurseconomie en de vitale, aangeboren en voedende verbinding met het natuurlijke in onszelf en de wereld waarin we wonen, nogal eens negeren. Het risico bestaat dat we alles verliezen wat innerlijke stilte en de natuur ons hebben te bieden.

Deze ochtend krijg ik bezoek van een jongeman met een huid die doet denken aan de fletse tint van pleisterkalk. Hij tolt langzaam mijn kantoor binnen als een stuk speelgoed dat op batterijen loopt die bijna op zijn. Zijn lichtgroene ogen maken maar een fractie van een seconde contact voor zijn hoofd weer naar beneden zakt, alsof deze vastzit aan een onzichtbaar gewicht. Zijn wilde, donkerbruine haar krult alle kanten op over zijn voorhoofd, oren en nek. Wanneer ik hem een hand geef, voel ik koud vlees en vingers die nauwelijks energie bevatten. In het uur daarna leer ik meer over de zeventienjarige Roy. Zijn moeder had me wanhopig gebeld om te kijken of ik haar zoon niet kon helpen zijn prestaties op school en zijn studievooruitzichten te verbeteren. Ik vind Roy verfrissend eerlijk en openhartig. Hij vertelt dat hij school maar saai vindt en de meeste lessen en leraren vervelend. Hij deelt ook mee dat hij na school zo'n tien uur per dag in zijn kamer doorbrengt.

'Wat doe je al die tijd in je kamer?'

'Ik zit aan mijn computer,' antwoordt Roy en beschrijft zijn dagelijkse routine, hoe hij naar muziek luistert of muziek downloadt, met grafische programma's plaatjes maakt, chat met vrienden die online zijn, op het internet surft en soms huiswerk doet, maar alleen als dat op het internet kan. Hij is ook bezig met zijn mobiele telefoon, ontvangt en verstuurt sms'jes en e-mails, luistert naar cd's en bekijkt dvd's, YouTube of MTV-clips – en dat allemaal tegelijk.

Roys stem doet me angstaanjagend sterk denken aan een voicemailsysteem waarin ik eerder die week terecht was gekomen. Ik voel me gespannen worden, pauzeer even om adem te halen, breng de aandacht terug naar mijn houding en observeer hoe mijn voetzolen op de vloer drukken. Mijn geest stopt en een moment lang ben ik alleen maar aanwezig, zonder gedachten of pogingen om dingen op te lossen. Ik ben gewoon bewust en probeer empathie te voelen voor deze jongeman, door me in mijn eigen gevoelens te verdiepen. Dan krijg ik een vreemde sensatie van verlies. Op dat moment borrelt er een diep verdriet in mij op en een verlangen naar de verloren erfenis van wat elementair, natuurlijk en primair is – bomen, bloemen, pollen, zon, wind, rotsen, insecten en al die organische verbindingen die een overgestimuleerd brein helpen kalmeren en geruststellen.

Als ik een sjamaan was, zou ik Roy naar de wildernis meenemen en hem begeleiden op een visuele zoektocht of een vergelijkbare natuurlijke overgangsrite. Ik zou hem de werken van Lao Tse, de taoïstische meester uit de zesde eeuw v. Chr. laten bestuderen. Die zei: 'De natuur haast zich niet en toch wordt alles bereikt.' In plaats daarvan vraag ik Roy of hij zijn huiswerk heeft proberen te bestuderen en te doen. De vraag is een beetje armzalig en ik vraag me af of het op mijn gezicht te lezen is, maar Roys gezichtsuitdrukking verandert niet. Hij meldt dat hij zich niet langer dan vijf minuten achter elkaar op een boek kan concentreren. Ik knik, want Roy is niet de enige met een versnipperde concentratiespanne. Er zijn nog niet veel onderzoeksgegevens, maar er is wel steeds meer bekend over hoe dagelijks multitasken achter de computer de frontale hersenkwab beïnvloedt, waardoor de hersenen zich niet meer diep kunnen concentreren en de aandacht opbrengen die nodig is voor zaken als lezen, beheersing van impulsen, langdurig leren en het herkennen van gezichtsuitdrukkingen. In een studie aan de Tohoku Universiteit in Japan onder leiding van professor Ryuta Kawashima en zijn team, zijn bijvoorbeeld de hersenen van pubers in kaart gebracht die ofwel rekensommen maakten of een Nintendospelletje deden. Bij vergelijking van de hersenscans ontdekten ze dat rekenen de frontale kwab stimuleert, terwijl het computerspelletje de frontale kwab stilzet en alleen de visuele en bewegingscentra van het brein nog wordt gestimuleerd.

Een studie uit 2005, gefinancierd door Hewlett-Packard, toonde een verlies van tien punten in het IQ van deelnemers die jongleerden met werk, e-mail en andere afleidingen. (Dat is dubbel zoveel als het verlies bij marihuanarokers!) Plaats deze bevinding nu eens in de context van meer dan een geschat aantal e-mails van 36 miljard per dag in 2005, plus de berichten die de mobiele telefoons maar vullen. Het zou simplistisch zijn om Roys problemen te wijten aan de technologie, maar het zou net zo naïef zijn om voorbij te gaan aan de bewijzen dat onze hersenstructuur wordt gevormd door de dingen waarop we ons concentreren.

Ik wou dat ik kon zeggen dat mijn gesprek met Roy succesvol eindigde, maar na die ene sessie heb ik nooit meer iets van Roy of zijn moeder gehoord. Wat er wrong tussen hem en zijn moeder, ik zou er nooit achter komen en eraan kunnen werken. Wel had hun situatie me een nieuw zicht op multitasking gegeven. Het verklaart niet helemaal Roys verhaal, maar het zegt misschien wel iets belangrijks over een jongeman en de manier waarop hij de dingen aanpakt. Wie weet vertelt dit het verhaal van velen onder ons, hoe ze leven en interactie hebben in een tijdperk van industrialisatie, snelheid, semi-persoonlijke gedeelde technologie en isolatie van de natuurlijke wereld en ritmes. Technologie is niet langer 'ergens aanwezig'; technologie is een verlengstuk geworden van onze hele mensheid zelf.

En ik vraag me dus af: komt het ooit zover dat de ongerepte plekken in en om onze steden langzaam verdwijnen? Zullen we er op een dag niet meer naar op zoek gaan? Houden we er dan niet meer van en geven we geen gehoor meer aan hun roep? En als die ongerepte plekken verdwijnen, ontdekken we dan ooit nog de wijze innerlijke stilte die de natuur in ons wekt? Alleen in mijn kantoor, terwijl Roy en zijn moeder vertrekken, luister ik hoe de deur dichtslaat en de zwaaiende luxaflex ervoor zachtjes ratelt. Ik moet denken aan de naturalist John Muir en zijn opvattingen over de menselijke behoefte aan ongerepte plekken: 'Iedereen heeft net zo goed schoonheid als brood nodig, plekken waar hij kan spelen en bidden, waar de natuur kan helen en opvrolijken en zowel het lichaam als de geest kracht geven.'

Doe de volgende oefening als je je overweldigd en gestrest voelt en bezwijkt onder je multitasking.

Neem minstens eens per dag een bewuste pauze van je multitasking. Stop even en kijk eens rustig of je iets nieuws aan je natuurlijke omgeving opmerkt – een bloem, een geur, een insect. Kijk hoeveel groentinten je kunt onderscheiden (groen kalmeert het brein). Je zou ook naar je favoriete plek in de natuur kunnen gaan en daar een foto van nemen, zodat je die als afbeelding op je screensaver kunt zetten, of neem het kiekje met je mee om je aan je behoefte aan natuur te herinneren.

---

24. Oefen liefdevolle vriendelijkheid tegen jezelf

Mindfulness is gratis. We zijn ermee geboren.
De eerbiedwaardige U Silananda

Heb je ooit iemand ontmoet bij wie je onmiddellijk aanvoelde dat hij of zij vervuld was van grenzeloze compassie en vriendelijkheid? Dat overkwam mij toen een vriend me voorstelde aan wijlen U Silananda, een pretentieloze Birmese monnik, tijdens diens bezoek aan San Francisco. Er was me verteld dat Silananda bekend stond om zijn lessen in mindfulness. Maar wat de meeste indruk op me maakte, was het tastbare gevoel van compassie dat hij uitstraalde. Let wel, dat was niet mijn reactie op een charmante glimlach of een zalvende begroeting. Ik reageerde op de diepe, duurzame vrede in zijn ogen en gezicht. Ik vroeg me af hoe hij dat deed. Wat had hij geleerd dat hem zo had getransformeerd? Kon ik dat ook leren? Kunnen anderen dat?

Een paar jaar later na deze ontmoeting hoorde ik dat ik als boeddhistische monnik kon komen wonen in het klooster waar hij de overste, of *sayadaw*, was. Ik had het geluk dat ik mindfulness en andere waardevolle lessen van hem kon leren. Tijdens mijn verblijf in het klooster en mijn meditatieretraites merkte ik dat hij altijd de oude wijsheid van liefdevolle vriendelijkheid onderwees. Ik begreep uiteindelijk dat hij die de hele dag beoefende.

Wat doet een meditatie in liefdevolle vriendelijkheid? Uit mijn eigen ervaring en dat wat anderen me vertellen die met mij samenwerken, begrijp ik dat die het brein kalmeert van mensen die getraumatiseerd zijn – en de meesten van ons zijn op een of andere manier getraumatiseerd in het leven op deze gewonde planeet. We zouden kunnen zeggen dat liefdevolle vriendelijkheid als een katalysator werkt en de schakelingen en netwerken in de hersenen van binnenuit wijzigt. Liefdevolle vriendelijkheid ontrafelt verstrikte emoties en de angst om te worden gekwetst en afgewezen, en programmeert ons opnieuw, met gevoelens van veiligheid, bescherming, welzijn en liefde. In die zin gaat liefdevolle vriendelijkheid net zo goed om het ontvangen van liefde als het geven daarvan. Hoe kunnen we werkelijk van anderen houden als we niet oprecht van onszelf houden? Zonder dergelijke innerlijke gastvrijheid wijzen we geschenken van anderen waarschijnlijk af, omdat we niet gul kunnen zijn tegenover onszelf. Liefdevolle vriendelijkheid is innerlijk werk. Er bestaat geen toets of examen waarmee we ons vermogen tot compassie kunnen meten.

Liefdevolle vriendelijkheid is ook een breintraining waarmee we beter inzicht krijgen in het krachtige besef dat we niet alleen staan in ons lijden en ons verdriet. Het geeft ons een instrument om compassie naar buiten te verspreiden, waar en wanneer we dat het minst verwachten. De woorden van deze liefdevolle vriendelijkheidsmeditatie zijn eenvoudig, maar bereiden het lichaam en de geest effectief voor op een volstrekt nieuw soort ervaring. Liefdevolle vriendelijkheid is groot genoeg om alle angsten, groot en klein, te overwinnen. Je kunt je de liefde voorstellen uit elke mogelijke bron die je aanspreekt – een gebed, God of iemand die je hebt gekend. Het cultiveren van liefdevolle vriendelijkheid is als het krijgen van een dikke, warme kosmische knuffel. Deze knuffel kan je gevoelens van elke dag veranderen en daarom wil je er natuurlijk vaak een krijgen.

In het volgende deel van het boek, 'De relatiesleutel', leid ik je door een belangrijk aspect van de liefdevolle vriendelijkheidsmeditatie die op anderen is gericht – maar eerst wil ik dat je vertrouwd raakt met de woorden. Oefen waar en wanneer je maar wilt. Het helpt als je een rustig plekje in huis of in de natuur opzoekt waar je niet gestoord wordt.

Doe je ogen dicht als je klaar bent om te beginnen en stel jezelf voor op een geliefde plek, waar je je veilig en beschermd voelt. Dat kan een plek op het strand zijn, ergens hoog in de bergen, je favoriete plek of een kamer die je prettig vindt. Stel jezelf voor dat je op die plek zit, voel je voeten onder je en je handen in je schoot. Laat jezelf weten dat de lucht om je heen zuiver en schoon is, gevuld met vreugde, geluk en welzijn. Adem deze stimulerende zuivere lucht in en verbeeld je dat de zuiverheid, het geluk en welzijn je helemaal tot in je voeten en de toppen van je tenen raken. Met elke nieuwe ademhaling vult de lucht je lichaamscellen met zuiverheid en vreugde. Doe dit tot de lucht doordringt in alle cellen van je wezen – hoofd, hart, longen, romp, armen, handen, rug, buik, benen en voeten. Laat je hersenen zich ook vullen.

Denk nu een paar minuten na over vergeving, want dat is belangrijk om een toestand te cultiveren van inclusieve, nietdiscriminerende liefdevolle vriendelijkheid. Vergeving betekent niet dat we het onrecht vergeten dat anderen ons hebben aangedaan; vergeving is eerder een geschenk dat we anderen én onszelf geven. Per slot van rekening hebben we allemaal wel eens iemand kwaad gedaan, of dat nu bewust of onbewust is gebeurd. Het is begrijpelijk als je er nog niet aan toe bent om bepaalde mensen te vergeven. Richt je eerst op degenen die je op dit moment wel kunt vergeven. Herhaal de volgende woorden terwijl je aan de mensen denkt die je hebt uitgekozen:

Moge ik [vul de naam in] vergeving schenken
en ook aan anderen die mij mogelijk kwaad hebben gedaan –

Hetzij opzettelijk hetzij onbewust.
Moge ik worden vergeven door [vul de naam in]
en ook door anderen die ik mogelijk kwaad heb gedaan –
hetzij opzettelijk hetzij onbewust.

Moge ik mijzelf vergeven
voor de keren
dat ik mijzelf heb geschaad of misbruikt –
hetzij opzettelijk hetzij onbewust.

Moge alle wezens worden vergeven
en vergeving vinden.

Keer dan terug naar je ademhaling. Adem de vreugde en het geluk in van je veilige en favoriete plek. Laat jezelf wanneer je je ontspannen en ontvankelijk voelt, een diepe liefde voelen die je voor iemand koestert, of dat nu een persoon, een huisdier of zelfs een speelgoeddier is. Dat is hetzelfde gevoel van liefde dat je nu gaat uitbreiden naar jezelf. Als je je om enige reden deze liefde onwaardig voelt, stel jezelf dan voor als een kleine baby die alle liefde en zorg verdient, terwijl je de zegening van liefdevolle vriendelijkheid herhaalt. Zeg de woorden minstens vijf minuten telkens opnieuw in je hoofd, terwijl je elke cel en porie van je lichaam laat vullen met de zegening. Je kunt je ook voorstellen dat iemand anders deze woorden tegen je zegt – misschien een liefdevolle grootouder, een zorgzame buur, iedereen die vriendelijk tegen je is. Je zult ontdekken dat de zegening meer dan tekst alleen is wanneer je voelt dat je je openstelt voor de woorden.

Er zijn allerlei variaties op het gebed van liefdevolle vriendelijkheid; de volgende versie bevalt mij persoonlijk wel, omdat hij kort en direct is. Eindig als je ermee klaar bent met een persoonlijk dankgebed voor alles wat je in je leven hebt.

Moge ik veilig zijn,
moge ik gelukkig zijn,
moge ik gezond zijn,
moge ik in vrede zijn.

Moge ik vrij zijn van pijn,
moge ik vrij zijn van honger,
moge ik vrij zijn van alle leed.

Waarom zouden we liefdevolle vriendelijkheid naar onszelf sturen voor we die naar anderen sturen? Het eerste deel van de liefdevolle vriendelijkheidmeditatie gaat over het aannemen van geschenken die anderen ons geven. Hoe kunnen we geven als we niet weten hoe het is om te ontvangen? En we moeten uit onze liefdesreserves in onszelf kunnen putten als we die met anderen willen delen. Dit soort zelfwaardering is geen narcistische vorm van liefde, geen ik-eerst of ik-alleen liefde. Deze zelfwaardering is de bereidheid om liefde, de grenzeloze en aangeboren aard van ons wezen te openen. Dat is ook bevorderlijk om negatieve, door het ego ingegeven emoties en reacties, los te laten.

Hier volgt een praktische oefening om liefdevolle vriendelijkheid in werking te stellen.

Maak elke dag tijd vrij om iets liefdevols en zorgzaams voor jezelf te doen. Zing bijvoorbeeld een lied, laat je masseren of heb geduld met jezelf. Kijk ook eens hoe je jezelf een compliment kunt geven, vooral voor de manier waarop je voor jezelf zorgt, bijvoorbeeld omdat je een voedzaam ontbijt voor jezelf hebt gemaakt. Oefen ook om een compliment of geschenk van iemand anders hoffelijk in ontvangst te nemen.

---

25. Wek het breekbare hart

Als je op zoek bent naar het ontwaakte hart, als je je hand op je ribbenkast legt om het te voelen, is er niets anders dan breekbaarheid. Je voelt je kwetsbaar en zacht... omdat je hart volledig is blootgesteld.
Chögyam Trungpa

Met meer dan honderdzestig oorlogen in de afgelopen eeuw kunnen mensen toch niet meer ontkennen dat ze van oorlog houden? Misschien denk je dat je zelf niet zoveel van oorlog moet hebben, dat je ronduit tegen oorlog bent, maar je kunt niet ontkennen dat er momenten zijn geweest waarop je zelf verblind was door oorlog en wilde winnen in een van zijn vele hoedanigheden – angst, hebzucht, intolerantie, ongeduld, jaloezie, afgunst, lust, onwetendheid, agressie.

In *A Terrible Love of War* beschrijft James Hillman onze vele aannames over de oorzaken van oorlog. Hij merkt op dat we oorlog onbewust hebben geaccepteerd, omdat het zo diep met onze mythologieën, religies en dominante collectieve psyche is verweven. Hillman refereert ook aan een god van haast: een god die meedogenloos verlangt naar alles wat onmiddellijk, snel en superefficiënt is. En zo blijven we met de vraag zitten of het mogelijk is om van niet-oorlog en niet-schade te houden. Kunnen we het breekbare hart lokaliseren, dat de kostbaarheid van alle leven aanvoelt?

In de climax van regisseur Ridley Scotts klassieke sciencefictionfilm *Blade Runner*, neemt de held Deckard, gespeeld door Harrison

Ford, het op tegen zijn sterke tegenstander Roy, een replica van een mens met kunstmatige intelligentie, gespeeld door Rutger Hauer. De situatie ziet er somber uit voor Deckard, die hulpeloos over een dakrand hangt en zich met niet meer dan zijn vingertoppen aan het leven vastklampt. Er verspreidt zich een arrogante uitdrukking over Roys gezicht als hij neerkijkt op Deckard. Net wanneer het lijkt alsof Roy Deckard een zekere dood in wil duwen, doet hij iets buitengewoons. Hij reikt naar beneden en tilt met zijn bovenmenselijke kracht de uitgeputte Deckard op het dak. Wanneer Roy bijzondere details over zijn leven onthult, verandert Deckards gezichtsuitdrukking van verbaasd naar onzeker, tot er een dieper inzicht en zelfs tederheid op verschijnt voor zijn vijand. Hij mag dan genetisch zijn ontworpen om maar voor een bepaalde tijd te leven, een leven dat over enkele minuten voorbij zal zijn, Roy redt Deckard toch. Hij heeft zijn leven besteed aan oorlogen in opdracht van zijn menselijke meesters, Roys laatste impuls is niet om te vechten maar om zijn programmering te ontstijgen en betekenis in zijn geschiedenis te vinden. Je zou kunnen zeggen dat hij een toestand van niet-oorlog in zichzelf ervaart.

Niet veel anders dan Roy leidde John Newton, een Engelsman van vlees en bloed, al vanaf jonge leeftijd een leven vol geweld. Zijn moeder overleed toen hij zes jaar oud was en op zijn elfde werd hij meegenomen en op zee opgevoed door zijn vader, een ruwe zeebonk. Op zijn negentiende was John een gekwelde jongeman die deserteerde uit de marine en daarvoor naar de scheepsgevangenis moest. Hij werd alleen vrijgelaten omdat hij een contract tekenende om voor een gewelddadige en genadeloze scheepskapitein te werken. Johns leven zag er zelfs in de gekuiste versie van het verhaal troosteloos en hopeloos uit.

John werd in de achttiende eeuw geboren. Hij ging niet vrijwillig in dienst bij de Britse marine; hij was ontvoerd en gedwongen. Het contract dat hem uit de gevangenis bevrijdde, maakte hem tot een contractarbeider van een gewelddadige kapitein, en het schip waarop hij gedwongen te werk werd gesteld, was niet zomaar een handelsschip maar een slavenschip vol Afrikanen die onvoorstelbare vernederingen en mishandelingen ondergingen. Gelukkig hielp een vriend van Johns vader hem van zijn gezwoeg op het slavenschip. Maar hoe hard Johns Newtons wereld ook was, het was een wereld die hij goed kende. Misschien dat hij daarom halverwege de achttiende eeuw eindigde als kapitein van zijn eigen slavenschip. Hij werd zo'n wrede aanvoerder dat zijn bemanning weigerde een sloep te laten zakken toen hij eens overboord sloeg. In plaats daarvan wierpen ze hem een harpoen toe en haalden hem op toen hij zich daaraan vastklampte.

Maar in deze onwaarschijnlijke situatie, terwijl hij zich aan de betreurenswaardigste handel wijdde en wel zeshonderd slaven op zijn slavenschip *Greyhound* vervoerde, ontdekte John zijn breekbare hart. Het gebeurde tijdens een afschuwelijke storm, toen de *Greyhound* dreigde te zinken. De levende have spoelde het eerst overboord en verdween in de donkere, kolkende zee. De bemanning greep zich wanhopig vast aan masten en andere vaste voorwerpen om niet overboord te worden gesmeten. Onderwijl probeerde John het krakende houten vaartuig door de ene na de andere stampende, monstrueuze golf te loodsen. Toen alles verloren leek, hoorde John zichzelf roepen: 'Heer, wees ons genadig!' Daarna vond hij ergens de kracht om door de storm te navigeren, die de hemel zij dank ging liggen. De beproeving was weliswaar voorbij, maar de scheepskapitein kon de woorden 'Heer, wees ons genadig' niet uit zijn hoofd krijgen. Hij ging beseffen dat hij door genade was aangeraakt, dat God op een of andere manier tot hem had gesproken over de mogelijkheid en noodzaak om zonder wreedheid en leed te leven. Uiteindelijk liet John Newton zijn leven als kapitein van een slavenschip achter zich en werd dominee. Op vierenvijftigjarige leeftijd aanvaardde hij het ambt in de St. Mary Woolnoth in Londen. Toen hij op een avond een preek schreef, moest hij denken aan zijn verloren jaren als kapitein van een slavenschip en pende deze woorden neer:

Amazing Grace, how sweet the sound
That saved a wretch like me,
I once was lost, but now am found,
Was blind, but now I see.

Newtons 'Amazing Grace', later op muziek gezet, getuigt er nog altijd van hoe een nieuw inzicht en doel een verhard hart kunnen heroriënteren op breekbaarheid en openheid. Newton was meer dan vijfentwintig jaar dominee. Het publiek dat zijn geschriften tegen slavernij en persoonlijke memoires las groeide tot ver buiten zijn kerk en inspireerde de Britse politicus William Wilberforce tot de zware strijd die uiteindelijk leidde tot de afschaffing van de slavernij in Groot-Brittannië.

De Dalai Lama zei ooit: 'Als je andere voelende wezens kunt helpen en dienen, doe dat dan; kun je dat niet, doe anderen dan tenminste geen kwaad.'

Wanneer je hart verzacht, komt het in verbinding te staan met de wereld en al zijn verdriet, en begin je scherp onderscheid te maken tussen jezelf en andere wezens. Zoals we de ene hand nodig hebben om de andere te wassen, kunnen we toch niet uitbuiten en schaden wat ons na staat? Als we ons dit realiseren, moeten we misschien huilen van verdriet om de vergankelijkheid en kwetsbaarheid van alle leven. Misschien zijn we bang voor deze waarheid en willen we niet dat de wereld ons raakt, uit angst dat er van ons geprofiteerd of misbruik van ons wordt gemaakt. Maar wanneer we het licht van breekbaarheid niet in ons toelaten, schaden we onszelf door een muur om ons hart te bouwen.

Hoe kunnen we die muur verwijderen? Door ons bewust te zijn van het hier en nu en van het geweld en de agressie in ons. Doodgewone alledaagse gebeurtenissen maken ons dat duidelijk – bijvoorbeeld de woede die opwelt wanneer we een mening op de radio horen die ons niet bevalt, of als iemand ons in de weg zit op de snelweg. Misschien komt je agressie meteen boven als iets tegenzit of als je te maken krijgt met de arrogantie, het gezag of de domheid van iemand anders. Op dit soort cruciale momenten hebben we een keus: egoïstisch, oordeelzuchtig, ongeduldig en ongevoelig reageren ten koste van iemand anders. Of je schijnt het licht van je aandacht op je agressieve gedachten en maakt een potentieel gevaarlijke situatie onschadelijk. We kunnen deze muur steen voor steen afbreken.

Met de volgende oefening bouw je bewustzijn, compassie en waardering op voor de breekbaarheid van het leven.

Laat jezelf verzachten als je merkt dat je je vernauwt. Je kunt dat cultiveren. Let op wanneer je je verhardt – bijvoorbeeld als je tot elke prijs wilt winnen, iemand anders veroordeelt of meer van een gemeenschappelijk goed (energie, voedsel enzovoort) wilt hebben dan je nodig hebt. Het helpt soms om een dagboek bij te houden. Je kunt dit soort egocentrische impulsen meteen de kop indrukken door adem te halen en je hart te laten vullen met generositeit. Laat mensen opzettelijk voorgaan in een rij, eet de helft van je maaltijd en geef de rest weg, of geef iets weg waar je erg aan gehecht bent, zoals een boek, een voorwerp, kledingstuk of iets anders kostbaars. Beschouw het elke keer dat je je verzacht als een geschenk van anderen die je helpen de vreugde van altruïsme en compassie te leren kennen.

---

26. Zie de waarheid van vergankelijkheid

Laat alles je gewoon overkomen: schoonheid en doodsangst.
Ga gewoon door. Geen enkel gevoel is definitief.
Rainer Maria Rilke

Alles in het universum wordt gekenmerkt door vergankelijkheid. Dat blijkt duidelijk uit de manier waarop we lucht in- en uitademen en uit het zwaartekrachtveld, dat alle ruimte, tijd en materie aan zich onderwerpt, inclusief onze nietige, kwetsbare lichamen. Soms komt het leven met een verandering die niet terecht of rechtvaardig lijkt, zoals een ziekte, een relatie waaraan een eind komt, ontslag, faillissement of een andere ramp. Blijken van veroudering zijn meestal ook geen welkome verandering. Wat het ook is, het liefst zouden we zo'n kwaadaardige draak verslaan, verdrijven en geloven dat er een definitieve ontsnapping mogelijk is. Maar misschien is er ook een andere manier.

Ik herinner me nog altijd de conversatie die ik een paar jaar geleden had met Fred, een schrijver die me vertelde dat hij net de diagnose ouderdomsdiabetes had gekregen. 'Heeft je dokter je een bepaald dieet voorgeschreven? Wat ga je doen?' informeerde ik. 'Ik ga een andere dokter zoeken,' antwoordde hij met een wrang lachje. Alleen maakte Fred geen grapje. Zo'n reactie van totale ontkenning is niet ongewoon. Veel koppige kinderen en volwassenen klampen zich vast aan hun overtuigingen, al veranderen de dingen nog zo duidelijk voor hun ogen.

Ons denkpatroon over de dood is een voorbeeld van een cultuur die moeite heeft met verandering. We zijn tot de overtuiging gekomen dat het gepaster is om in een ziekenhuis te overlijden dan thuis. De dood wordt snel weggeveegd en gesteriliseerd. De Amerikaanse overheid heeft het beleid ingevoerd om geen foto's te maken van de doodskisten van Amerikaanse soldaten die zijn omgekomen in Irak. Bedenk hoe vaak lichamen worden gebalsemd, alsof de illusie bewaard moet blijven dat het intact blijft en geen tekenen van verval, desintegratie of vergankelijkheid vertoont. Tibetanen houden het lichaam van de overledene juist in de familie om een paar dagen te bidden en te zingen, terwijl het lichaam krimpt en in verval raakt. Dat is misschien geen fraai gezicht of erg fris, maar echt is het wel.

We hebben eindeloze voorkeuren in het leven – die vaak veel minder diep gaan dan de wens om ons van de dood af te keren – en aan sommige zijn we mateloos gehecht. Ik was nogal gehecht aan mijn haardos tot ik werd aangesteld als monnik. Vergankelijkheid is de eerste les die nieuwe monniken leren in de Theravada-traditie. Elke keer dat het mes een reep uit mijn haar schoor, hield een monnik een lok van mijn gekoesterde haar tussen zijn vingers en zei tegen mij: 'Dit ben jij niet.' Toen ik na mijn inwijdingsceremonie mijn gezicht ging wassen in de badkamer, was ik geschokt over mijn kale spiegelbeeld. Ik vroeg me af wie Uncle Fester van *The Adams Family* naast me had neergezet. Er ging een stukje van mijn onvergankelijkheid verloren op dat moment.

Elke gehechtheid maakt het lastiger om iets los te laten, de aard van verandering te accepteren. Maar hoe zou het leven eruit zien als er nooit verandering plaatsvond? Hoe zou dat meisje of jongetje ooit kunnen opgroeien tot een productieve, energieke jongvolwassene? Zonder sociale verandering zouden velen van ons nog ploeteren in een feodaal systeem en slavernij. Als de bladeren niet in de herfst zouden vallen, zou er geen ruimte zijn voor de lentebloesems. De bliksem slaat in en veroorzaakt een bosbrand, wat de natuurlijke regeneratie van het ecosysteem ondersteunt. Zelfs de neurale schakelingen in onze eigen hersenen ondergaan een snoeiingsproces in de verschillende fasen van ons leven, om ruimte te maken voor de rijkdom van bestaande en opkomende schakelingen. Bewustzijn en aanvaarding van de vergankelijkheid kan de geest bevrijden en ons helpen inzien hoe kostbaar het leven is. Hoe meer ruimte we creëren en hoe meer we de tijdelijkheid van alle dingen accepteren, hoe minder belangrijk onze voorkeuren ook worden. Ik moet denken aan de inzichten van de soefi en dichter Rumi, in 'Het gastenverblijf':

Dit menselijk wezen is een gastenverblijf
elke morgen een nieuwe bezoeker
vreugde, neerslachtigheid, een gemene bui
soms een vluchtig moment van bewustzijn
als een onverwachte gast.

Verwelkom hen en wees onderhoudend
al ontvang je een hoop ellendelingen
die gewelddadig je huis overhoop halen
of beroven van alle meubilair,
behandel elke gast in stijl
misschien komt hij je zuiveren voor een nieuwe verwondering.

De sombere gedachte, de schaamte, de kwaadwilligheid:
kom ze lachtend tegemoet aan de voordeur
en laat hen binnen.

Wees dankbaar voor eenieder die komt,
want elk van hen is gezonden
als een gids van elders

(vrije vertaling [vertaler onbekend] van 'Guest House', uit *The Essential Rumi*, van Coleman Barks)

Hier volgt een mindful middel om de deur van je gastenverblijf open te zetten voor de waarheid van vergankelijkheid.

Sluit vriendschap met mensen van alle leeftijden, vooral met ouderen en stervenden. Isoleer jezelf niet van de dood en van wat het betekent om los te laten. Oefen je in het schrijven van je eigen overlijdensbericht en let op je emoties terwijl je daarmee bezig bent. Als je je op deze intieme manier in vergankelijkheid verdiept, kun je beter beoordelen of je een vol en vreugdevol leven leidt.

---

27. Waardeer alledaagse goedheid

Wanneer je je down voelt en niet op je best bent,
is een begrijpend knikje al heel veel.
Oprah Winfrey

Een man zit te bellen achter het stuur. Zijn twaalfjarige zoon zit stilletjes in voetbaltenue naast hem in de auto. Wanneer de man de auto tot stilstand brengt en naast een groot grasveld parkeert, sluit hij het telefoongesprek af, kijkt naar zijn zoon en dan naar zijn horloge.

'Hoe laat is je wedstrijd afgelopen? Ik kan je om half zes komen halen,' zegt hij.

De jongen maakt langzaam zijn veiligheidsriem los en blijft gewoon zitten, duidelijk overstuur maar zonder iets te zeggen.

'Wat? Wat is er?', zegt de vader ongeduldig. 'Ik heb niet veel tijd.'

'Wanneer kom je eens naar een wedstrijd kijken?'

'Ik weet dat ik heb gezegd dat ik mee zou gaan naar de wedstrijd, maar dit is echt een heel drukke, stressvolle tijd voor me. Ik beloof je dat ik naar de volgende wedstrijd kom kijken.'

'Dat zeg je altijd,' zegt de jongen, terwijl hij tegen zijn tranen vecht.

'Het spijt me, maar deze keer meen ik het echt. De volgende wedstrijd, oké?'

'Er is geen volgende wedstrijd. Vandaag is de laatste,' zegt de jongen.

De vader is geschokt en sprakeloos. Tot dat moment had hij

nooit gemerkt wat zijn onverschilligheid voor zijn zoon had betekend. Dit ware verhaal herinnert ons eraan dat het leven nog zo stressvol, moeilijk en lastig kan zijn, we moeten ons bewust zijn van de invloed van onze daden op anderen. Hoe cultiveren we een mindful bewustzijn dat ons in staat stelt om de goedheid die ons elke dag omringt, te waarderen? Als we dat doen, valt er meer te vieren in het leven.

Deze ochtend zit ik in het koffiehuis dat slechts een paar kilometer verderop ligt aan de kronkelende weg vanaf mijn huis. Ik zie dat de muren in een prettige combinatie van chocolade- en mokkabruin zijn geschilderd. Buiten valt stil de sneeuw. De vlokken klonteren aan elkaar als gekrulde confetti en smelten zodra ze het trottoir en de straat raken. De lucht, die eerder die morgen hier en daar nog fel oplichtte met onregelmatige stukjes blauw, is nu met wolken bedekt. Het diffuse buitenlicht dat zich verspreidt over de betonnen vloer van het koffiehuis met compacte bruine, zwarte en grijze spikkels, doet denken aan een pointillistisch schilderij van Seurat.

Elke keer als de deur opengaat, voel ik de koude lucht op mijn huid en handen. Als ik mijn shirt tot bovenaan dichtknoop, verschuift mijn aandacht zich even: ik merk de spijkerbroek, het shirt en de schoenen op die me warm houden. Ik let op de lichtgele stoel die mijn zittende lichaam comfortabel ondersteunt. De stof van de stoel is zacht als fluweel en heeft lange, elegant geborduurde strepen. Mijn handen en vingertoppen verwelkomen de warmte van de kop koffie die ik vasthoud. Vasthoudend aan die sensatie breng ik het kopje langzaam naar mijn mond en voel hoe de smaak van de zoete honing zich tegen mijn verhemelte vermengt met de rokerige smaak van de koffie. Een moment lang sta ik stil bij de plek, hoog in de bergen van Peru, waar deze koffiebonen zijn gegroeid en geoogst. Ik vraag me af hoe de consumptie van dit product me, hoe subtiel ook, verbindt met honderden mensen die ik nooit heb ontmoet, maar met wie ik hetzelfde belang deel. Ik hoor het gemurmel van een aantal converserende stellen om me heen. Het is vandaag toevallig Valentijnsdag. Ook al is het nog vroeg, zo te zien leeft er een heel scala aan emoties in de ruimte. Ik merk dat sommige mensen blij tegen elkaar glimlachen; anderen lijken verdriet of ernstige gedachten te delen en weer anderen hebben een geanimeerde uitdrukking van openheid en nieuwsgierigheid op hun gezicht.

Plotseling rolt er onverwacht als uit het niets een rond voorwerp naast me en valt op zijn kant. Het lijkt op een enorme witte pil. Er zit niemand naast mijn gele stoel. De mensen die het dichtst in mijn buurt zitten, zijn een stel zo'n vier meter verderop rechts van mij, ver uit de richting vanwaar de pil is komen aanrollen. Als ik mij omdraai, zie ik een klein meisje veel verderop zitten spelen bij haar moeder, misschien wel bijna vijftien meter verderop. Heeft ze de pil per ongeluk mijn kant op geschopt? Ik moet een beetje lachen om die plotselinge verschijning. Ik buk en raap hem op en voel een beetje ruw oppervlak. Beide kanten hebben de opdruk van een blad. Als ik de pil naar mijn neus breng, ruik ik een subtiel, prettig muntaroma. Zit daar een boodschap voor mij in? Als het geen hint is over mijn adem, is het dan een metafoor voor de zoetheid van het leven die ik moet opmerken? Een teken dat ik snel geamuseerd ben? Ik adem in en vul mijn longen met lucht. Ik merk hoe mijn buik rijst en weer daalt. Elke ademhaling werkt als een anker dat me in dit moment vastzet. Dit is een zoet moment.

Heb je ooit van de indiaanse traditie gehoord die bekendstaat als Geschenk? Met het Geschenk krijgen we een rijper perspectief op geven, omdat we daarvoor aan anderen moeten geven en inzien hoeveel ons elke dag wordt geschonken zonder dat we er zelfs maar om vragen. Indianen beschouwen de buffel als een Geschenk, omdat het hele dier – de huid, horens, het vlees en de botten – een gift is die vele voordelen voor anderen in zich draagt.

Als je naar beneden wordt gezogen in het drijfzand van het

gevoel niet genoeg te hebben, meer te willen, je te richten op wat je mist in je leven, sta dan even stil bij alles wat we op elk moment krijgen: het zonlicht dat alle leven mogelijk maakt; de lucht die we inademen, en voor de meesten van ons voedsel, schoon water om onze cellen aan te vullen, een dak dat ons tegen de elementen beschermt, elektriciteit dat licht geeft en allerlei vormen van communicatie mogelijk maakt, educatieve middelen om ons leven te verbeteren, de kleding die ons warm houdt, de schoonheid van de natuur die ons leven verrijkt en de relaties die ons voeden. We vinden zo veel alledaagse goede dingen vanzelfsprekend en vergeten vaak dat ze ons leven bevredigender maken. Aan de basisbehoeften van sommige mensen wordt niet voldaan, wat eens te meer reden is om alles wat we hebben niet vanzelfsprekend te vinden en onze middelen niet te verspillen zonder stil te staan bij de gevolgen. Als we inzien wat we hebben gekregen, oefenen we ons in vreugde over de alledaagse goedheid in ons leven en worden we ons bewust van manieren om bij te dragen aan de alledaagse goedheid van anderen.

Hier volgt een oefening in drie stappen om je aandacht te richten op dankbaarheid en alledaagse goedheid.

Richt je aandacht eerst op wat je in je leven hebt, vanaf het eerste moment dat je 's ochtends wakker wordt. Waardeer je ademhaling, de dekens die je warm houden, de douche die je verfrist en schoonmaakt en zelfs de wekker die je wakker maakt. Bedenk dan wat je eens als memento aan alledaagse goedheid met je kunt meenemen vandaag, bijvoorbeeld een foto van een dierbare, een steen of ander voorwerp van een gedenkwaardige reis of een inspirerend citaat. Deel ten slotte je waardering voor alledaagse goedheid met anderen. Als je dat doet, negeer je de moeilijkheden in het leven niet. Alledaagse goedheid met anderen delen, betekent dat je elkaar helpt om te genieten van wat het leven de moeite waard maakt.

---

28. Leef vandaag met een doel

De oude vertellers wisten... dat elk van onze mythen, onze heilige geheime verhalen, de neerslag is van ons innige verlangen naar zingeving, die in een of andere, nog altijd niet opgehelderde vorm van alchemie, ons leven een doel geeft.
Phil Cousineau

Op een zomerdag, toen ik over Highway 82 door de hooggelegen, uitgestrekte woestijn van oostelijk Oregon reed – een ruig landschap van steile ravijnen, golvende velden, bergen met sneeuwtoppen en ranches met vee – stuitte ik op een weg die anders was dan ik ooit had gezien. Op het eenvoudige richtingsbordje stond een ongewone waarschuwing: 'Houd schadelijk onkruid in bedwang. Het is uw eigen verantwoordelijkheid.' Ik had nog nooit gehoord van een onkruid dat een botsing had veroorzaakt of het zicht van een bestuurder belemmerde en vroeg me dus af wat dit bordje dan kon bedoelen.

Ralph Waldo Emerson schreef: 'Wat is onkruid? Een plant waarvan de deugden nog niet zijn ontdekt.' Wanneer je erover nadenkt, is de beoefening van je Aandacht Bewust in het Nu Centreren ook zoiets als zoeken naar het mentale en emotionele onkruid dat onze blik en ons inzicht belemmert. In plaats van deze woekerende planten een ongeluk in onszelf te laten veroorzaken, kunnen we ervoor kiezen om ze te zien voor wat ze zijn. Elk onkruid leidt ons naar het aanleggen van een prachtige tuin van gedachten. Zoals Emerson al zei, heeft onkruid waarde als we er goed naar kijken. Kan het onkruid in je leven je helpen het leven te vinden dat je wilt?

De literatuur en de geschiedenis van de mens weerspiegelen de menselijke basisbehoefte aan een doel. In onze kern zoeken we naar een doel en zingeving. Een doel kan ons motiveren wanneer we verdwaald zijn, verlamd of gewoon vastzitten. Soms wordt ons doel gestuurd door basale menselijke behoeften, zoals voedsel, onderdak, seks en gezelschap. Op andere momenten is een doel een hoger doel dat ons leven zin en waardigheid geeft.

Het is belangrijk dat we het onkruid in ons leven aan kunnen wijzen: die personen, situaties, emoties, gebeurtenissen die maken dat we ons ontmoedigd, niet gewaardeerd, hulpeloos of waardeloos voelen. Een doel transformeert dit onkruid in een prachtige bloem van wedergeboorte en vernieuwing. Als het bijvoorbeeld je doel is om voor je gezin te zorgen, wordt een baan die je onbevredigend vindt, opeens een geschenk, omdat je je doel nu kunt verwezenlijken. In de meeste banen moet je iets aan een ander geven, wat ook beschouwd kan worden als een hoger doel. Obers 'bedienen' of geven hun energie aan klanten. Vrachtwagenchauffeurs verplaatsen producten naar degenen die daar iets aan hebben. Met zo'n perspectief wordt je dagelijks werk een daad van geven, wat je doel kan zijn. Dit betekent niet dat je nooit een andere baan mag gaan zoeken, een baan die meer betekenis heeft of je meer voldoening geeft, maar het betekent vooral dat je een doel kunt vinden in wat je nu doet.

Een doel is geen goochelaarstruc of een illusie die je blind moet maken voor de realiteit van het leven. Een doel is meer een kompas dat je over de moeilijke wegen van het leven helpt navigeren en voorkomt dat je zo verdwaalt dat je de weg naar huis niet meer kunt vinden. Hoe vind je zo'n kompas? Je kunt het advies van auteur en mytholoog Joseph Campbell opvolgen, dat je je gelukzaligheid moet volgen. Vaststellen wat je passie of gelukzaligheid is, is een goede manier om je doel te ontdekken. Als je je passie volgt, helpt je dat ook door moeilijke tijden heen. Nelson Mandela had een doel dat hem deed volhouden, dat zijn geest sterk en vastberaden hield gedurende zevenentwintig jaar gevangenschap. Zijn strijd tegen de onrechtvaardigheid van apartheid leidde ertoe dat hij de eerste Zuid-Afrikaanse president werd die in een werkelijk representatieve en democratische verkiezing werd gekozen. Zijn doel hielp hem ook om de compassie en vergeving te vinden die nodig was voor verzoening en vooruitgang. Zonder doel had Mandela bitter en gedesillusioneerd kunnen worden. Een doel is te goed om te verspillen.

Je hoeft geen enkele dag meer zonder doel te leven. Waar geef je om? Wat maakt deze dag bijzonder? Bedenk dat je doel niet de hele wereld hoeft te veranderen om de moeite te zijn en je dag zin te geven. Een doel zit vaak in kleine dingen, zoals de planten water geven of een tuin aanleggen, die leven in de wereld brengt. Een doel is bereikt wanneer we onze talenten en gaven delen en vriendelijk zijn tegen onze familie en vrienden, bijvoorbeeld door voor hen te koken, iets aardigs te zeggen of met volle aandacht en compassie naar hen te luisteren. Een doel kan ook zijn dat je je diepste waarden dagelijks tot uitdrukking brengt. Eerlijkheid, gulheid, seksuele verantwoordelijkheid, integriteit, inspanning, compassie, wijsheid, geduld en liefde zijn een aantal waarden die we vandaag door onze daden in de wereld kunnen brengen. Je zou jezelf regelmatig kunnen afvragen: 'Is mijn manier van handelen vandaag in overeenstemming met mijn diepste waarden?' Word je meer bewust van de manier waarop je je waarden tot uitdrukking brengt, en observeer hoe je je voelt als je overeenkomstig je waarden leeft. Als je weinig energie hebt of je uitgeput voelt, volg je misschien niet je innerlijke kompas. Als je volgens je waarden leeft, geeft dat je energie en spirit een oppepper.

Niemand anders kan voor jou bepalen wat je doel is. Je bent een uniek wezen met een uniek doel en uniek potentieel. Je doel vinden is op zichzelf al een doel. Hier volgt een oefening om je bewuster te maken van je doel en de manier waarop je dat kunt manifesteren.

Schrijf een klein en realistisch doel op voordat je 's ochtends van huis gaat. Dat kan iets wezenlijks zijn als: 'geld verdienen zodat ik eten kan kopen en een dak boven mijn hoofd heb'. Of je kunt je doel verbinden aan iets altruïstisch, zoals blijheid en vrijgevigheid aan de wereld schenken. Onthoud dat jouw doel niet de hele wereld in een dag hoeft te veranderen om een verschil te maken.

---

29. Stel je open voor het eenvoudige hart

De kleinste sleutel kan de grootste deur openen. Een piepkleine spijker verbindt stukken die oneindig veel groter zijn dan hij zelf... Tevredenheid over het klein zijn temidden van de grote dingen in deze wereld.
Dat is het grote onbekende geheim.
Daniel Skach-Mills

Wanneer is meer eigenlijk minder? Ik herinner me de keer dat ik een projectmanager ontmoette van een bedrijf dat flatscreen tv's ontwerpt en fabriceert. Ik was benieuwd hoeveel 'beeld-in-beeld' afbeeldingen er inderdaad beschikbaar waren. Hij meldde dat de laatste modellen van zijn bedrijf gelijktijdig twaalf kanalen op het scherm konden tonen. 'Maar we werken aan vijftien kanalen,' zei hij trots.

'Kunnen mensen werkelijk iets met zo veel beelden tegelijk?' vroeg ik.

'Nee,' antwoordde hij. 'Maar meer verkoopt,' voegde hij eraan toe, met ogen die begonnen te stralen.

We worden omgeven door een overvloed aan technologie en goederen. De standaard supermarkt bevat zo'n dertigduizend producten. Natuurlijk is die overvloed een zegen, maar we moeten ons toch afvragen: tegen welke prijs?

De Amish hebben te maken gehad met de worsteling dat ze het tempo van hun buren moesten bijhouden, ondanks hun beperkte gebruik van agrarische technologie, wat nog altijd de steunpilaar van hun leefstijl is. Ze besloten om technologie niet helemaal te weren, maar bewust net genoeg techniek in hun leven toe te laten als volgens hen niet schadelijk is voor hun gemeenschap. Amish boer Brad Igou schrijft in zijn boek *The Amish*: 'We zien onze hightech buurman met de laatste apparatuur, die meer hectaren sneller bewerkt en een grotere oogst en opbrengst krijgt dan ooit... steeds verder de spiraal van schulden in, die uiteindelijk tot zijn bankroet leidt. Hoe komt het dat de gewone mensen (de Amish) niet alleen konden blijven boeren maar hun totale landoppervlak zelfs hebben kunnen uitbreiden (vaak op steeds kleinere boerderijen)?'

Technologie is op zichzelf goed noch slecht en de technologie biedt allerlei ongelooflijke voordelen. Het gaat erom dat we besluiten hoe we technologie gebruiken en welke grenzen we eraan stellen. Dat maakt alle verschil. De Amish maken zo min mogelijk gebruik van technologie om een hecht verweven gemeenschap in stand te houden, maar er zijn nog meer goede redenen om met eenvoud te experimenteren, al was het maar dat je minder hebt om je zorgen over te maken. Hoeveel hebben we echt nodig om ons tevreden te voelen? Wat zijn de simpele dingen die vreugde en voldoening schenken?

Robert Biswas-Diener is wel 'de Indiana Jones van geluk' genoemd vanwege zijn research naar dingen die mensen in verschillende culturen gelukkig maken. In een interview vertelde hij me het verhaal van Manoj, een zesendertigjarige riksjabestuurder en vader van drie kinderen, die in een illegale nederzetting in Zuid-Calcutta in India woonde. Zoals je je kunt voorstellen, heeft Manoj een ongelooflijk stressvol leven. De woning van zijn gezin is gemaakt van bamboe, met palmbladeren als dak en krantenpapier als muren. In deze eenkamerhut met zandvloer kookt Manojs vrouw op een enkel kerosinepitje. Ze hebben geen stromend water, geen elektriciteit, geen verwarming, maar wel muggen in overvloed. Majoj moet een uur lopen naar zijn riksja, die hij van een eigenaar huurt voor de helft van zijn dagelijkse opbrengst, meestal twee tot drie dollar. Toen Biswas-Diener Manoj vroeg wat zijn leven zin geeft, antwoordde hij: 'Ik sta voor zonsopgang op en mijn zonen lopen met me mee naar de rand van het kampement. Ik vind het fijn als ze bij me zijn. En ik vind het fijn als ze me 's avonds als ik thuiskom om toffees vragen. Ik kan me die niet veroorloven, maar het feit alleen al dat ze die verwachting van mij hebben, dat ik die zou kunnen kopen, maakt dat ik doorga.' Biswas-Dieners studies van gezinnen uit de sloppenwijken van Calcutta toonden aan dat ze zichzelf op hetzelfde bevredigingsniveau stelden als de gemiddelde Amerikaanse student deed.

Er vindt een collectieve herevaluatie, een proces waarbij het sociale systeem wordt bijgesteld en opnieuw ontworpen, plaats in de Verenigde Staten en andere delen van de wereld. Deze veranderingen zijn net zo ingrijpend als de industriële en reclamerevolutie, die onze huidige leefstijl hebben voortgebracht. De vragen van vandaag leiden tot nieuwe richtingen: hoe moeten we empathische intelligentie en eenvoud in onze keuzen doorvoeren? Hoe kan de planeet ons onderhouden tenzij we op onze beurt optreden als de rentmeester van de aarde? Hoe kunnen we wijs handelen, wetend dat elke keus die we maken de aardbol beïnvloedt, mensen, gemeenschappen en ander voelend leven raakt, waarmee we onvermijdelijk zijn verbonden?

Een manier om te leven in empathische intelligentie en eenvoud is door ons bewust te worden van de kleine keuzen die we elke dag maken. Toen hij aan Walden Pond woonde, schreef Henry David Thoreau dit advies: 'Ik zeg: houd je met twee of drie dingen bezig, niet met honderd of duizend; tel in plaats van een miljoen een half dozijn en houd de score bij op je duimnagel... Vereenvoudig, vereenvoudig. Eet desnoods niet drie keer, maar een keer per dag; was geen honderd dingen af maar vijf, en verander andere dingen verhoudingsgewijs.' Dit advies leidt tot meer vragen dan antwoorden, want er is niet één weg naar eenvoud die iedereen kan volgen. Bij het vinden van onze eigen weg is het van belang dat we niet arrogant, dogmatisch of oordeelzuchtig worden. Probeer de volgende oefening te doen waarmee je van moment tot moment per keer leert simplificeren.

Kies voor een houding van eenvoud. Noteer eerst welke dingen je eenvoudig plezier geven zonder onnodige energiebronnen. Voorbeelden zijn: een eindje wandelen, spelen met je huisdier, tijd doorbrengen met je gezin, naar de maan en de sterren kijken, een instrument bespelen, een boek lezen, mindful eten of een gesprek voeren. Bedenk ook hoe het zou zijn om eenvoudig en vredig in jouw gemeenschap te leven.

---

30. Laat de reis van je held een voorbeeld zijn

De grote vraag is of je in staat bent om
van harte ja te zeggen tegen je avontuur.
Joseph Campbell

Joseph Campbell bestudeerde zijn leven lang de mythe van de held zoals die wordt beschreven in de literatuur, kunst en culturen in de hele wereld. 'De reis van de held,' zoals hij het noemde, is de transformerende reis die we allemaal maken wanneer we een grote overgang of uitdaging in het leven meemaken. Onze reis is niet alleen fysiek, maar ook een avontuur vol uitdagingen waarvoor onze geest, ons hart en onze ziel ons stellen. Meestal krijgt de held iets te pakken, zoals een zwaard of elixer dat hem redt als de situatie er het zwartst uitziet. In *Star Wars* bijvoorbeeld, had Luke Skywalker een lichtsabel en *the Force* tot zijn beschikking. In onze eigen verhalen kunnen we gebruikmaken van mindfulness en Bewust onze Aandacht in het Nu Centreren om het onbekende en onplezierige te confronteren. Misschien kunnen we onze reis niet zelf kiezen, maar met mindfulness kunnen we wel kiezen hoe we willen reageren, in volledige aanwezigheid, met respect en waardigheid.

Er waait een stevige wind boven de Hudsonrivier op deze ongewoon kille lentedag, wanneer ik naar een huis loop in noordelijk New York. Robert Mawson, een gedrongen en gedistingeerd uitziende man met een Brits accent en een dikke golvende haardos, begroet me en laat mij binnen. Hij heeft het voorrecht dat hij de enige meditatieleraar is op de burelen van de Verenigde Naties. Robert is het toonbeeld van gezondheid, al heeft hij meer dan eens een aanvaring met de dood gehad. We gaan in zijn woonkamer zitten, die vol staat met voorwerpen van zijn verschillende reizen in Zuidoost-Azië en andere delen van de wereld. Daartussen zie ik een foto van zijn wijding als monnik in een Thaise tempel en een grote kristallen bol die koninklijk op een rijk bewerkte houten standaard staat.

Bobs levensverhaal doet denken aan een boek van Charles Dickens. Hij werd in 1943 geboren in de buurt van Newcastle in Engeland, groeide op in een arm gezin met zes kinderen in een kolenmijngemeenschap. Bob vertelt dat hij veel lessen op school miste, omdat hij blind was aan zijn linkeroog. 'Ik heb niet veel scholing gehad en ik had de keus tussen werken op een boerderij of in de mijnen. Maar ik las in een stripblad dat je al jong kon dienen in het Britse leger als junior leider; dat je op je achttiende bij de manneneenheid kon; en dat de jongens die op deze manier werden getraind, de latere officieren van de toekomst waren. Dat wilde ik ook. Maar iedereen, inclusief mijn vader, vertelde me dat je twee goede ogen moest hebben om in het leger te mogen. Ik was veertien jaar en begon te huilen toen ik dat hoorde. Omdat ik wel een beetje kon zien met mijn slechte oog, werd ik naar een oogarts gestuurd om een bril te krijgen. Toen de dokter zei dat hij mijn zicht niet kon corrigeren, begon ik weer te huilen. Toen gaf hij me een bril van gewoon glas, met een brief. En zo kwam ik het leger in.' Bobs droom om het mijnstadje achter zich te laten, kwam uit.

Na twaalf dienstjaren werden er twee lekkende hartkleppen vastgesteld bij Bob. 'Ik was ermee geboren,' legt hij uit. 'Ik verliet het leger en ging in Denemarken wonen. Ik had ontslag gekregen om medische redenen. Toen ik tweeëndertig was, was mijn hart zo verzwakt dat ik twee kunstkleppen nodig had.' In die dagen moesten patiënten met kunstmatige hartkleppen vooral weinig bewegen, maar dat was echt niets voor Bob. 'Ik was een ongehoorzame patiënt. Ik ging bergklimmen in Iran, Syrië, Irak en de jungle van Thailand, Cambodja en Laos. Ik ging ook naar

Griekenland en IJsland en beklom bergen in Amerika. Ik deed allerlei dingen die de artsen verbazingwekkend vonden. Ik bleef leven. Maar ik had ook een paar keer een hartstilstand en werd minimaal vijf keer weer het leven in gedefibrilleerd – twee keer door dezelfde verpleegster in twee jaar. Ze zei tegen me: 'Meneer Mawson, kom alstublieft niet meer naar de Eerste Hulp als ik dienst heb, want u jaagt me de stuipen op het lijf!'

In 1998 kreeg Bob een pacemaker in zijn borst ingeplant. Hetzelfde jaar kreeg hij twee keer een dubbele longontsteking en overleed bijna. In 2002 werd hem verteld dat hij zich moest voorbereiden op de transplantatie van het hart van een tweeëntwintigjarige vrouw. Bob, die meditatietechnieken en ziektepreventie doceert aan zorgverleners, had altijd geweten dat zijn geestesgesteldheid en vermogen om mindful te zijn, essentieel waren geweest om te overleven. 'Ik dacht dat te veel mensen verdrietig zouden zijn als ik eraan zou gaan, ikzelf incluis. Ik had het gevoel dat ik al invloed op het leven van mensen had, en ik wilde daarmee doorgaan,' herinnert Bob zich. 'Ik hoopte te overleven en mensen meditatie te kunnen blijven leren, zodat ze innerlijke vrede konden vinden en leren hoe ze het verouderingsproces kunnen vertragen met goede voeding en leefgewoonten.'

Bij de voorbereiding op de transplantatieoperatie wilde Bob bewust aanwezig zijn, zelfs tijdens de operatie, zodat hij de genezing van zijn lichaam positief kon beïnvloeden en bevorderen. Dit vond hij zo belangrijk dat hij iets bij zich had toen hij de operatiekamer werd binnen gerold. 'Toen ik naar binnen ging voor de operatie', legt Bob uit, 'luisterde ik naar mijn meditatie-cd en had ik een glimlach op mijn gezicht. Mijn hart was vol hoop voor mijn nieuwe hart, ik kon mijn bloeddruk verlagen en zelfs onder narcose zou mijn bewusteloze geest blijven mediteren. Veel mensen die een operatie ondergaan, zijn bang. Patiënten die bang zijn, bloeden meer dan mensen die dat niet zijn en ze genezen ook niet zo snel.'

Kun je je voorstellen dat je de operatiekamer binnen wordt gerold met een glimlach op je gezicht? Die dag begroette Bob Mawson opgewekt zijn chirurg, de beroemde dr. Mehmet Oz. 'Ik vroeg dokter Oz of ik tijdens de hele operatie naar mijn cd mocht luisteren en hij zei ja.' Jaren na de transplantatie doet Bob nog steeds het werk waarmee hij het leven van mensen wil veranderen. 'Ik denk dat ik, nu ik mediteer, dingen in mensen zie die ze zelf vaak niet zien. Ik zoek altijd het goede in mensen en meestal vind ik dat ook. Het is een soort wet van de aantrekkingskracht.'

Voor ik zijn huis verlaat, nodigt Bob me uit voor de lunch en boven een kop stevige groentesoep wisselen we verhalen uit over onze ervaringen als monnik en bespreken we het belang van hoop. Bob vertelt me dat zijn transformerende reis hem heeft geleerd om nooit op te geven. Hij heeft postherpetische neuralgie als gevolg van gordelroos, en een verzwakt immuunsysteem door alle medicatie die nodig is om te voorkomen dat zijn lichaam zijn nieuwe hart afstoot. Toch gebruikt Bob zijn geest om van zijn lichaam te genieten. Hij schept een innerlijke toestand van vrede en harmonie. 'Wat ik doe, is met mijn geest tegen de pijn praten. Ik zeg tegen de pijn: "Ik weet dat je denkt dat je sterk bent, maar ik ben sterker dan jij ooit zult zijn. Je mag me dan neerhalen, maar je krijgt me er nooit onder. En op een dag word ik wakker en ben je weg. Ik heb de controle over jou, niet andersom." En met een meditatie concentreer ik me op de pijn, laat die los en laat hem oplossen.' Bob is vastbesloten om zich bewust te blijven van alle aspecten van zijn heldenreis, en met dit verhaal inspireert hij anderen.

Ik heb van Bob geleerd dat mindfulness een toverdrank kan zijn om oude dingen los te kunnen laten en het nieuwe te verwelkomen – of dat nu een nieuwe baan is, een therapie, een behandeling tegen verslaving, een studie, een ziekte of een aanstaande scheiding.

Net als Bob Mawson kun je een reden verzinnen om de reis voort te zetten, vooral als het moeilijk wordt. Plaats je reis ook in het juiste perspectief; anderen hebben dezelfde weg afgelegd en het gered. Zoek mensen op die een reis hebben gemaakt en je inspireren met hoop en wijsheid.

---

31. Bewaak je spirituele moraal

Ware religie is werkelijk leven; leven met je hele ziel, al je goedheid en rechtvaardigheid.
Albert Einstein

Stel dat er twee huizen zijn met evenveel rijkdommen. In het ene huis staan de ramen wijd open en is de deur niet op slot. In het andere huis zijn de ramen dicht en de deur op slot. Het tweede huis is ook nog beveiligd met een alarmsysteem. Welk huis zal eerder een doelwit voor inbrekers zijn? Welk huis zal eerder worden beroofd? Een Tibetaanse meditatiemeester gebruikte deze analogie om duidelijk te maken dat we onze waakzame hoeders van moraal en mindfulness op wacht moeten zetten als we niet willen dat onze kostbaarste schatten en bezittingen worden gestolen. Als we onze waakzaamheid laten varen, worden we misschien wakker in een huis dat is leeggehaald en vernield.

Ik werk nu ongeveer een half jaar met de dertigjarige Curtis en help hem zijn sociale angsten te overwinnen, die hem hinderen in zijn carrière. Ik weet dat Curtis drinkt om met zijn angsten om te kunnen gaan, maar al heb ik dat wel eens ter sprake gebracht, hij heeft er tot op heden niets aan willen doen.

'Ik ben het helemaal zat om wakker te worden met een kater,' zegt hij met een wanhopige ondertoon in zijn stem. 'Als ik 's avonds thuiskom, wil ik alleen maar ladderzat worden, terwijl dat het enige moment is dat ik met mijn vijfjarige dochtertje kan doorbrengen. Ik ben bang dat ik hetzelfde zal doen als mijn vader met mij deed. Ik weet gewoon niet of ik zo kan doorgaan. Ik wil stoppen met drinken. Ik heb de afgelopen jaren vaak geprobeerd te stoppen, maar het is me niet gelukt. Ik walg er echt van en de dingen gaan een kant op die ik helemaal niet wil. Wat kan ik doen?'

'Dat vraagt om een hoop discipline, inzet en een goed plan,' vertel ik hem. Curtis en ik bespreken of hij bereid is om te veranderen en wat die verandering voor hem betekent. Het gaat met enig horten en stoten, maar uiteindelijk komt hij met een plan om zijn kostbaarste schat te bewaken: bewuste aandacht en aanwezigheid voor zijn gezin en de toekomst. Zijn plan houdt onder andere in dat hij een lijst opstelt met redenen waarom hij drinkt, dat hij leert te ademen in zijn middenrif en oefeningen gaat doen. Bovendien zal hij de hulp van zijn vrouw en anderen vragen als dat nodig is. Curtis' reis gaat met ups en downs gepaard, maar ik ben steeds onder de indruk van zijn moed en vastberadenheid om vooruit te komen en erbij te blijven.

Je moraal kun je definiëren als een in het hart gecentreerde aanpak om wezenlijke goedheid te identificeren en tot uitdrukking te brengen. Zoals topsporters trainen om hun prestaties te verbeteren, kan moraal worden gezien als een training voor het hart en een leven dat in het hart wortelt. Als je regelmatig oefent, leer je goedheid gemakkelijker herkennen en schadelijk gedrag vermijden. Een praktisch gevolg van een leven dat in het hart is gecentreerd, is dat je leven gemakkelijker wordt. De zorgen en het lijden die het gevolg zijn van kwaad aanrichten, worden minder. Wanneer we een ander kwaad doen, moeten we niet alleen leven met die inhumane overtreding, maar ook met de ongerustheid om te worden gepakt en alle verdere gevolgen en vervreemding van familie en vrienden die een vergrijp met zich meebrengt. Maar het is zeer onwaarschijnlijk dat je in de gevangenis eindigt of lijdt vanwege een leven dat in je hart is gecentreerd.

Hier volgen vijf trainingen voor je hart, die in het boeddhisme de Vijf Geboden heten. Je hoeft jezelf niet tot deze vijf te beperken, je kunt ze ook als een uitgangspunt zien. De eerste les is: schaad geen levende wezens. De keerzijde van deze les is dat ons wordt gevraagd om alle levende wezens met liefdevolle vriendelijkheid te bejegenen en te steunen. Maak hen mondig als je kunt, bemoedig, begrijp en koester hen. Deze training vraagt van ons dat we naar onze situaties op lokaal en wereldniveau kijken en begrijpen hoe onze persoonlijke keuzen anderen beïnvloeden. Het idee dat we niet het leven van een ander mogen nemen is nogal specifiek, maar de opvatting over liefdevolle vriendelijkheid jegens *alle* wezens is breed en inclusief. Het is eigenlijk een moeilijkere opdracht, omdat het meer van ons vraagt. Laat je niet overweldigen door de enormiteit en werkelijke betekenis van dit eerste gebod. Elk druppeltje extra vriendelijkheid, liefde en medeleven voor elk wezen dat je vandaag ontmoet, inclusief jezelf, maakt al verschil.

De tweede training van het hart is: neem niet wat je niet wordt gegeven of aangeboden. We mogen dus niet stelen en we gaan er niet vanuit dat ons iets wordt aangeboden als dat misschien niet het geval is. Vanuit een ander gezichtspunt bezien vraagt dit gebod dat we generositeit verwelkomen – en vergeet niet dat er allerlei vormen van generositeit zijn. Met mindfulness kunnen we zien hoe bereid we zijn om aan anderen te geven, zowel emotioneel als fysiek.

Het derde gebod van het hart is: lieg niet en spreek geen onwaarheden. Sommigen interpreteren deze les zo dat je ook niet mag spreken met verkeerde bedoelingen. De positieve kant van deze instructie is dat het ons vraagt om eerlijk te zijn, waardoor we een vertrouwenwekkende omgeving scheppen, zonder roddel. Je kent de uitdrukking 'de daad bij 't woord voegen' toch wel? Nou, spreken met mindfulness gaat nog een stap verder, omdat we niet alleen worden gewezen op wat we zeggen, maar ook op hoe we het zeggen. We zouden onszelf kunnen afvragen: zou ik wat ik over deze persoon zeg, ook zeggen als deze persoon bij de conversatie betrokken was?

De vierde training zegt: geef je niet over aan seksueel wangedrag. Dit betekent dat je je seksualiteit niet zo mag gebruiken dat anderen worden geschaad. Seksueel wangedrag is natuurlijk maar één manier om een relatie te onteren. Deze training stimuleert ons om ons in het algemeen meer bewust te worden van schadelijk relationeel gedrag en op basis daarvan nieuwe keuzen te maken. De andere kant van deze training betekent dat we vreugde, tevredenheid, vertrouwen en openheid in onze relaties moeten verwelkomen.

Het laatste gebod van het hart luidt: gebruik geen bedwelmende middelen of substanties die je bewustzijn en mindfulness kunnen beïnvloeden. Dit is een belangrijke poortwachter: het vereist dat we voortdurend moeten oefenen om Bewust onze Aandacht Nu te Centreren, wat dus ook het bewustzijn inhoudt dat we onszelf moeten voeden met voedzame producten en activiteiten. Dit gebod vraagt ook van ons dat we ons meer bewust worden van de manier waarop bepaalde vormen van vermaak ons bewustzijn beinvloeden. Let erop of je verdoofd of verslaafd bent aan een vorm van vermaak, zoals internet. Zo ja, doe daar dan iets aan.

Neem deze geboden ter harte, maar besef ook dat we menselijk zijn en onze zwakke kanten hebben. Je hoeft je gedrag niet op een absolute schaal te beoordelen. Als je uit hebzucht, woede, lust of geweld handelt, accepteer dan de waarheid van je daad, ervaar je spijt en wijd je met hernieuwde inzet en met meer bewustzijn aan de trainingen. Bedenk dat schuld en schaamte geen trainingen van het hart zijn, liefdevolle vriendelijkheid en vergeving wel. Hier volgt nog een oefening voor een leven dat in het hart gecentreerd is.

Houd bij hoe vaak je je hart per dag traint. Je kunt de naam van elk gebod bijvoorbeeld op een stuk papier zetten en die op verschillende kopjes plakken. Denk elke avond voor je naar bed gaat na hoe je elke training die dag hebt uitgevoerd. Markeer al je inspanningen door een muntje in het bijpassende kopje te doen. Tel de muntjes aan het eind van de week en kijk welke training meer aandacht nodig heeft. Oordeel niet over de einduitslag. Geef jezelf een schouderklopje dat je tenminste moeite hebt gedaan en je inzet voor een leven dat in je hart is gecentreerd.

---

32. Oefen stilte

> *In de attitude van stilte vindt de ziel de weg naar een feller licht, en wat ongrijpbaar en bedrieglijk is, lost vanzelf op in de kristallen helderheid.*
> Mohandas Gandhi

Er bestaat een kracht en kennis die voortvloeit uit stilte. De psychiater Elisabeth Kübler-Ross, een pionier op het gebied van dood en sterven, geloofde dat de diepe vrede die stilte oplevert, overal te vinden is: 'Je hoeft niet naar India of ergens anders te gaan om vrede te vinden. Je vindt die diepe plek van stilte midden in je kamer, je tuin of zelfs je badkuip.' En moeder Theresa zei over de verbinding tussen stilte en het goddelijke: 'We willen God vinden, en Hij kan niet worden gevonden in lawaai en rusteloosheid. God is een vriend van stilte.' In een wereld die luidruchtig is van commotie en drukte is misschien niets zo belangrijk als de volumeknop zachter draaien om open te staan voor het mysterie, dat zich in alles om ons heen manifesteert.

Er huilt een sterke wind door de bomen wanneer ik op een avond naar buiten ga. Mijn geest wil het geluid benoemen om het te kunnen vergelijken met de geluiden van een regenbui of een trein in de verte, maar ik adem diep in en luister in plaats daarvan gewoon naar wat het is. De warme wind strijkt langs mijn gezicht en borst, en nu wil mijn geest dat gevoel definiëren – lekker, net als een briesje dat ik mij van vorige week herinner.

Ik ga in het gras zitten en kijk hoe de sterren twinkelen en de heldere maan lange schaduwen werpt van de dertig meter hoge sparren. De toppen wiegen in de wind. Het maanlicht is koel en troostrijk. Ik haal nog eens adem, en nog eens, en nog eens.

Het kost tijd om de geluiden, beelden en verlangens van een dag – inderdaad een leven, lijkt het wel – te laten vervagen. Dat lukt niet altijd, maar heel even is het er: stilte. Alleen maar stilte, alleen maar openheid, alleen maar hier. Een glimp. Een opening. Maar zodra mijn geest de stilte wil bevatten, verdwijnt die. Ik haal weer adem. Ik laat los bij het uitademen, om de stilte binnen te laten. En nog eens. Ik luister naar de stilte van de geest. Vreemd eigenlijk, deze stilte. De stilte herbergt zo veel meer voorbij het woord, de gedachte en ruimte. Kikkers, krekels, gonzende insecten, ze voegen zich allemaal bij de wind en componeren dit lied van de stilte. Al snel vervaagt ook dit lied en keren de geluiden terug. Het volume wordt weer omhoog gedraaid en ik zit weer in mijn achtertuin, luisterend naar de huilende wind.

Niemand zal je stilte geven, maar als je niet oplet, kan die wel van je gestolen worden. Ik moet denken aan Sammy, een tiener. Tijdens onze eerste sessies vertelde Sammy me tot in detail over de videogames die hij uren achter elkaar kon spelen. Toen ik een opmerking maakte over zijn bijzondere geheugen als het om spelletjes ging, zei hij: 'Ze zijn echt goed voor mijn verbeelding.' Op zeker moment vroeg ik of hij er nooit aan had gedacht om zelf woorden te verzinnen, zonder hulp van zijn games.

'Dat heb ik geprobeerd, maar dan krijg ik hoofdpijn.'

'Krijg je alleen hoofdpijn als je probeert dingen te verzinnen?'

'Nee, ook als er een hoop lawaai is.'

'Maar maken je videospelletjes dan geen lawaai?'

'Jawel, ze maken een hoop herrie, maar daar krijg ik geen hoofdpijn van.'

Zoals velen van ons kan Sammy niet tegen stilte in zijn leven. Dat is een groeiend probleem in onze overstimulerende omgeving.

Ken je het verhaal van de journalist die naar Afrika reist en daar het opperhoofd van een stam wil interviewen? Hij krijgt de instructie dat hij eerst in stilte met het opperhoofd moet zitten voor hij met hem mag spreken. Als de journalist vraagt waarom dat is, krijgt hij te horen dat dit de traditionele manier is waarop de stamleden anderen leren kennen. Nadat hij een tijdje in stilte bij het opperhoofd heeft gezeten, mag hij de vragen stellen die hij wil. De journalist stemt toe. Hij zit tegenover het opperhoofd en ze kijken elkaar alleen maar in de ogen. Na een paar ongemakkelijke minuten wacht de journalist op een teken dat de stilte-introductie voorbij is. Maar dat komt niet. Er gaan nog eens tien minuten voorbij, dan twintig, een half uur, een uur. Het verhaal wil dat ze twee uur in stilte zitten. Wanneer het opperhoofd gebaart dat de introductie voorbij is en de journalist te horen krijgt dat hij zijn vragen kan stellen, buigt hij respectvol en zegt dat hij geen enkele vraag heeft. Hij heeft ontdekt dat de informatie die hij heeft gekregen uit deze intieme stille communicatie, rijker is dan alles wat hij met woorden alleen te weten had kunnen komen.

Ik heb dit zelf ook gemerkt en anderen begeleid in deze vorm van stille communicatie. Na wat gegiechel en ongemakkelijkheid in het begin als je in de ogen van iemand moet kijken die je niet kent, ontstaat er een diep gevoel van vertrouwen, kennis, begrip en verbinding dat woorden niet kunnen overbrengen. De trappistenmonnik Thomas Merton heeft het over de rol van stilte in relaties als hij schrijft: ‘Pas in diepe eenzaamheid vind ik de vriendelijkheid waarmee ik mijn broeders werkelijk kan liefhebben... Eenzaamheid en stilte leren mij om mijn broeders lief te hebben om wat ze zijn, niet om wat ze zeggen.’

Stilte is een bijzonder geschenk dat in allerlei vormen verpakt is. Hoe je de stilte in je leven uitnodigt, is net zo uniek als jij zelf. Hier volgt een voorbeeld hoe je kunt beginnen.

Haal alle stekkers uit de muur. Draai de volumeknop van alle elektronische apparatuur een keer per dag laag, zodat je aanwezig kunt zijn in het moment. Ga een paar minuten zitten zonder aan je agenda te denken. Luister naar de stilte die aanwezig is tussen jou en je gedachten. Laat je geest tot rust komen en voel je gezegend door diens ware aard.

33. Let op je geest

Wie zich onder de schoonheid en mysteriën van de aarde ophoudt, is nooit alleen of het leven moe.
Rachel Carson

Een leven in mindfulness betekent niet dat we ons nooit meer overmand voelen door twijfel. Er zijn altijd perioden waarin een doel moeilijk te vinden is, wanneer de reis een sleur is en je niet zeker bent of je waarden en keuzen ertoe doen. De waarheid is: we weten het gewoon niet. Nu we er zijn, waar is het dan? Je zou dit kunnen zien als het kruispunt van *weet niet, mysterie, leegte* en *twijfelende geest.* Het is een goed teken dat je eindelijk in het huidige moment bent aangekomen. Geweldig! Maar wacht eens even, denk je misschien. Je zegt wel dat ik op deze plek ben en dat het geweldig is, maar ik voel me verloren. Je verloren voelen is iets wat enorm wordt ondergewaardeerd. Het kan betekenen dat je op een punt van niet-weten bent, waar de ratio niet kan komen. Zoals we duisternis nodig hebben om de sterren te kunnen zien, hebben we ook het niet-weten nodig om weer een beginneling te worden en je te verdiepen in het wonder en mysterie van dit alles.

Er waren eens twee geleerden, beide bekend en gerespecteerd, die op hetzelfde academische vakgebied werkten. Een van de twee, Benjamin, had net een nieuw boek geschreven en besprak het in de stad waar de tweede geleerde woonde. De tweede geleerde,

Martin, kwam luisteren en was onder de indruk. Na de lezing stelde Martin zichzelf aan Benjamin voor.

'Zou u het niet aardig vinden om eens van gedachten te wisselen? In dat geval zou ik u graag uitnodigen voor de thee bij mij thuis.'

'Ik vind het altijd interessant om nieuwe ideeën te onderzoeken,' antwoordde Benjamin, 'ik pak even mijn spullen en dan kunnen we gaan.'

Toen ze bij Martin thuis waren, werd er thee gezet en begonnen de twee te praten. Maar elke keer als Martin een idee wilde bespreken, ging Benjamin verder over zijn boek en zijn research. Bijna zonder een adempauze te nemen, zette Benjamin de redenen voor zijn theorieën uiteen. Dat ging een uur door, ook al probeerde Martin Benjamin telkens in een dialoog te betrekken.

Tijdens Benjamins dialoog merkte Martin dat het theekopje van Benjamin leeg was en vroeg of hij nog een kop thee wilde. Benjamin knikte en sprak over de validiteit van zijn studies. Martin tilde langzaam de theepot op en goot net zo lang thee in het kopje tot het de rand had bereikt. Benjamin keek toe maar bleef praten. Toen kantelde Martin de theepot nog verder en bleef thee in het kopje gieten terwijl het al overliep. Pas toen de thee over het schoteltje en op de tafel drupte, hield Benjamin eindelijk zijn mond.

'Wat ben je aan het doen?' vroeg hij geschokt. 'Zie je niet dat je meer in dat kopje giet dan erin past?'

'Je zei dat je ideeën wilde onderzoeken en uitwisselen, maar je bent net dit theekopje,' antwoordde Martin, 'te vol van je eigen ideeën om ruimte voor iets anders over te houden.'

Het is helemaal niet erg – het is zelfs nogal *een-ig* – om in een toestand van niet-weten te zijn. Daarmee krijg je de kans om je te oefenen in de geest van een beginneling, een toestand waarin je je nergens aan vasthoudt, nergens aan gehecht bent en je nergens mee identificeert. Op die plek stroomt je kopje niet over en is er onbeperkte ruimte beschikbaar. Wanneer de kop volloopt en overstroomt met ik, mij en mijzelf, kun je het kopje legen met bewustzijn en je dan verwonderen over het mysterieuze daarvan. Hoe vaker je je kopje leegt, hoe meer je ervaart over de schoonheid die gewoon bestaat, en hoe meer je daarin kunt leven. Gewoon hier, gewoon weids en open. Net als de lucht.

Lees alle lessen over de zielsleutel nog eens. Kies er een die volgens jou je leven kan verrijken en je op dit moment meer inzicht zal verschaffen. Beloof plechtig dat je je de komende week elke dag aan de oefening van je keuze zult wijden. Schrijf aan het eind van de week op welke veranderingen je bij jezelf constateert. In welk opzicht ben je je meer bewust geworden? Kies een andere les over de geestsleutel voor de week daarna.

DEEL IV

DE RELATIESLEUTEL

Geen enkel lid van onze wereldgemeenschap van mensen is een compleet mens tot alle leden goed verzorgd en wel zijn. Om die reden moeten we weer een gevoel van wederzijds vertrouwen en hoop krijgen, willen we samen gedijen. De relatiesleutel ontsluit de vele voordelen van de verbintenis met anderen. Je doorbreekt vanzelf je verwarring en vindt de steun en benodigde middelen als je eenmaal gebruik gaat maken van de sleutels van samenwerking, intensief luisteren, aanwezigheid, medeleven en liefdevolle vriendelijkheid.

34. Schenk anderen je volledige aanwezigheid

Sommige mensen hebben meer het gevoel dat ze leven wanneer ze op reis zijn en onbekende plaatsen of vreemde landen bezoeken, omdat hun perceptie – ervaring – hun bewustzijn meer in beslag neemt dan hun gedachten. Ze zijn dan meer aanwezig.
Eckhart Tolle

Misschien ken je het verhaal van de man die naar een mindtrainingscentrum ging dat verlichting beloofde – volkomen aanwezigheid, helderheid van geest en een duurzaam gevoel van vrede – in slechts één dag. Toen hij informeerde wat hij moest doen om die bevrijde toestand te bereiken, vertelde de leraar dat hij alleen maar zijn ademhaling zeven uur achter elkaar moest volgen. 'Let met je volledige aandacht op je inademing, je uitademing, de pauze ertussen. Dan bereik je vanzelf verlichting,' zei de leraar terwijl hij de man een meditatiekussen aanreikte. Dat is fantastisch, dacht de man en keek op zijn horloge. Ik kan al verlicht zijn voor etenstijd!

Opgewonden ging de kerel op zijn kussen zitten en begon onmiddellijk zijn ademhaling te volgen. De eerste ademhaling ging dat heel goed, maar toen klonk het luide getoeter van een auto buiten. Zijn gehoor greep zich vast aan het geluid van de claxon en bracht het naar zijn gedachten. Wat onbeschoft om zo luid te claxonneren, dacht hij bij zichzelf. Begrijpen mensen niet dat we hier onze verlichting proberen te krijgen? En toen bedacht hij dat hij helemaal niet meer aan zijn ademhaling dacht. Dus richtte hij zich daar weer meteen op. Alles ging twee hele ademhalingen goed tot er een vlieg in de buurt rondzoemde. De man opende zijn ogen en zag de vlieg cirkelen en dacht: iemand heeft vast het raam opengelaten. Ik zou dat tegen iemand moeten zeggen. Wie heeft er hier de leiding? En plotseling realiseerde hij zich dat hij weer was afgedwaald van zijn ademhaling. Hij keerde weer terug naar het observeren daarvan. Het verhaal wil dat hij daar tien jaar later nog zat, proberend zeven uur achter elkaar op zijn ademhaling te letten. Waarom is het zo moeilijk om onze geest te trainen om bij elk fris moment te blijven dat zich voordoet? En het lijkt nog wel zo gemakkelijk!

Mijn voormalige 'monnikbroeder' U Thitzana is van zijn klooster in Los Angeles naar mij toe gekomen en blijft een paar dagen logeren. Als traditionele Theravadamonnik sinds zijn twaalfde, toen hij in Birma werd gewijd, is hij niet een doorsnee monnik, omdat hij intensief getraind is in alle godsdiensten. Ik verheug me op onze gesprekken over spirituele onderwerpen. Op een avond stel ik hem voor aan mijn eigen meditatiegroep, waar hij een lezing geeft en ons voorgaat in de meditatie. Een andere avond rijd ik hem naar de andere kant van de stad, waar hij ook weer lesgeeft. Op twee avonden kom ik thuis van mijn werk aan een kliniek voor intensieve behandeling van psychiatrische patiënten en heb een korte, maar veelzeggende interactie met U Thitzana, waar ik veel van leer.

Moe na de lange dag in de kliniek, stop ik bij de brievenbus en pak een stapel post voor ik me naar huis sleep. Alles is stil, op een vertrouwde manier. Ik ga aan de eettafel zitten en begin met het sorteren van de post. Een paar seconden later verschijnt mijn vriend naast me, als uit het niets.

'Hallo Donald,' zegt hij vrolijk en begroet me met een brede, uitnodigende glimlach. Zijn saffraankleurige gewaad hangt losjes om zijn dunne lichaam.

'Hai Thitzana. Goed om je te zien,' antwoord ik met alle energie die ik kan opbrengen terwijl ik een volgende envelop openscheur. 'Hoe was je dag?' vraag ik zonder te beseffen dat ik meer aandacht schenk aan mijn brief dan aan mijn vriend.

'Ik zie dat je bezig bent. Ik kom straks wel terug,' zegt hij vriendelijk, zonder een zweem van negatieve gevoelens. Hij trekt zich zo stilletjes terug in zijn kamer dat ik verbaasd ben dat hij al weg is als ik opkijk.

'Ik kom zo bij je,' zeg ik terwijl ik verder ga met mijn post.

Ik werk me zo snel mogelijk door de post heen voor ik naar Thitzana's kamer ga. De deur staat open en ik zie dat hij zit te lezen. Hij legt het boek neer en gaat met me mee naar de woonkamer voor een kop warme thee. Ik hoor dat hij de hele dag heeft doorgebracht met lezen, mediteren en wandelen rond het huis. Later op de avond gaan we samen mediteren. Door de open ramen komt een koele avondbries naar binnen en er klinkt een lied van een boomkikker met een achtergrondkoor van krekels.

De volgende ochtend vroeg maak ik aanstalten om naar de kliniek te gaan en merk dat Thitzana al ontbijt voor zichzelf heeft gemaakt en de afwas heeft gedaan. Hij zit stil en tevreden rechtop een ander boek te lezen. Ik ken hem weliswaar al een aantal jaren, maar ik betrap mezelf op de gedachte dat hij de perfecte gast is, want je merkt niet eens dat hij er is. Ik wens hem een goede dag en maak de autorit van bijna een uur naar de kliniek. Die avond kom ik weer uitgeput thuis met de post in mijn hand. Alsof ik in de film *Groundhog Day* zit – waarin Bill Murray's personage elke dag opnieuw dezelfde dag beleeft – ga ik weer aan de eettafel zitten en open de post, als mijn vriend plotseling als uit de mist naast me opdoemt.

'Hallo Donald, vriend!' zegt hij stralend enthousiast.

'Hai, Thitzana. Goed om je te zien,' antwoord ik, voor een deel met mijn aandacht bij de post, die ik automatisch open.

'Je bent bezig. We praten later wel,' zegt hij opgewekt, er op een of andere manier in slagend te verdwijnen voor ik mijn hoofd kan optillen om hem aan te kijken. Alleen gebeurt er deze keer iets anders. 'Word eens wakker!' gromt een geïrriteerde stem in mij. Plotseling treft het inzicht mij als een mokerslag dat mijn vriend niet een deel van mij wil, maar mijn hele wezen, mijn volle aandacht. Hij vraagt maar om één ding, besef ik: mijn volledige aanwezigheid. Ik laat de ongeopende post liggen, loop naar Thitzana's kamer en bied mijn verontschuldigingen aan. Ik refereer nog vaak aan dit soort aanmaningen als een 'shot om mijn mindfulness op te peppen'.

Iedereen heeft er voordeel van als er aanwezigheid wordt ontwikkeld. Op momenten dat allerlei distracties om onze aandacht strijden, vergeten we gemakkelijk dat onze volledige aandacht een van de kostbaarste geschenken is die we elkaar kunnen geven. Wanneer je anderen je volle aandacht geeft, ben je levendiger en alerter. Je merkt misschien ook dat je de aanwezigheid van anderen daarmee wint. Mocht je ooit in de gelegenheid zijn om een monnik uit te nodigen, dan raad ik dat van harte aan. Maar je kunt ook de volgende strategie proberen, die je helpt om volledig aanwezig te zijn in het gezelschap van iemand anders.

Probeer te voorkomen dat je door allerlei dingen wordt afgeleid en doe niet van alles tegelijk wanneer je met iemand praat. Kijk niet naar de televisie wanneer je praat en ga niet telefoneren, smsen en e-mailen in gezelschap van iemand anders. Als je dringend contact met iemand moet opnemen, ga dan even naar een andere ruimte, zodat je met je volle aandacht contact met die persoon kunt opnemen.

---

35. Verwelkom stilte en intens luisteren

Een late zomeravond en weer komt de
sneeuwreiger naar de plassen voor mijn huis
zoals hij al veertig jaar doet.
Denk niet dat hij een klein deel van mijn leven is,
die witte streep in het donker.
Mary Oliver, 'Zilverreigers'

Sociale situaties wekken vaak ongerustheid en opwinding. Dat is vooral het geval als we nieuwe mensen ontmoeten. Hoe kunnen we die kloof van ongemakkelijkheid overbruggen? Hoe kunnen we iemand beter leren kennen? Sommige mensen vinden stiltes in een conversatie ongemakkelijk, terwijl andere zich alleen veilig voelen als ze de vragen kunnen stellen of alleen maar over koetjes en kalfjes hoeven te praten. Er is niets mis met een oppervlakkig contact in bepaalde relaties en vriendschappen, maar wat gaat er wel niet verloren als we de wereld en anderen oppervlakkig bekijken? Er zijn manieren om diepere gesprekken aan te gaan en ons eigen perspectief te doorbreken. We kunnen de deur naar iemands wereld vinden als we ruimte maken voor stilte en intensief luisteren. Als we de ervaring van deze ruimte durven aangaan, ontdekken we dat ieder van ons in werkelijkheid de essentie is van zuivere betekenis en aandacht.

Vanuit een pittoresk huis, dat vijf minuten van de woeste kustlijn van Rhode Island aan een baai genesteld ligt, zie ik een witte reiger staan treuzelen aan de waterrand. Even later kijk ik verrukt toe hoe een roestbruine vos met haar twee jongen speelt op een grasveld vlak bij de baai. Ik ben niet de enige die deze gebeurtenissen volgt – met mij nog acht anderen. We zijn van de andere kant van het land hier naartoe gereisd voor een werkweekend voor een non-profitorganisatie. Dit is de eerste keer dat de groepsleden elkaar in levenden lijve ontmoeten, in plaats van elkaar alleen maar aan de telefoon te spreken. Velen hebben elkaar nog nooit gezien. Deze gelegenheid geeft iedereen energie en kracht, en we krijgen het gevoel dat wat we proberen te bereiken bereikbaarder en hoopgevender wordt. Er wordt weliswaar heel geanimeerd geconverseerd, maar onze bijeenkomst wordt ook gekenmerkt door lange momenten van stilte. Nu bewonderen we door de grote ramen aan de achterkant van het huis in stilte de natuur die op een steenworp afstand aanwezig is.

Een van mijn favoriete momenten doet zich de volgende dag voor. Het is een zonnige ochtend, niet lang na zonsopkomst, wanneer ik over een krakende houten steiger sluip, die uitkijkt over de baai. Twee anderen zitten er al stil te mediteren en als ik zelf met gekruiste benen op een kussen ga zitten, heb ik het gevoel dat ik een schakel ben die wordt toegevoegd aan een ononderbroken ketting. Ik voel de zon op mijn oogleden flikkeren en inhaleer de frisse zeewind met elke langzame ademhaling. Na ongeveer een half uur doe ik mijn ogen open en zie dat er anderen bij gekomen zijn op de steiger.

Terug in het huis maak ik in stilte een eenvoudig ontbijt klaar. Ik neem een kop yoghurt, een schep muesli, een boterham met boter. Ik eet, proef alle smaken en geniet van een kop sterke koffie die iemand anders al heeft gebrouwen. Om acht uur is iedereen klaar om de plannen voor het komende jaar te bespreken. We bespreken de doelstellingen van de groep en zetten de puntjes op de i in de relatief jonge organisatie. Ondertussen lijken we de schoonheid van de baai geen moment uit het oog te verliezen. We nemen geregeld midden in een bespreking een paar minuten pauze om in stilte na te denken, aandachtig adem te halen of naar de natuurpracht buiten te kijken. Deze momenten van contemplatie lijken steeds bevorderlijk voor de concentratie in de groep en brengen ons weer op het juiste spoor als we vastzitten of niet weten in welke richting we het moeten zoeken. Ik vraag me onwillekeurig af hoeveel andere relaties – collega's, vrienden en familie bijvoorbeeld – baat zouden hebben bij een pauze voor mindfulness of meditatie. Stilte bereidt ons voor op luisteren en ons openstellen voor anderen.

Onze non-profitorganisatie maakt ook tijd vrij om buiten op de zonnige steiger te lunchen, door de rustige omgeving te kuieren en over een smal voetpad langs de baai te lopen. Op een middag rijden we het busje naar de oceaan en genieten van een wandeling langs het strand. Dat geeft me de kans om degenen die ik eigenlijk alleen via de telefoon gesproken heb, beter te leren kennen. We voeren persoonlijke gesprekken terwijl schuimende golven over onze voeten rollen en weer terugstromen in de oceaan. Er heerst stilte tussen de woorden, ruimte om ideeën te laten bezinken, het natte zand onder onze voeten te voelen en af en toe een verduidelijkende vraag te stellen. Onze conversaties en pauzes van mindfulness tijdens deze wandeling bemoedigen onze groep en houden die in stand. Ik krijg onwillekeurig een gevoel van hoop, vreugde en optimisme.

George Washington Carver, de botanicus en docent die honderden toepassingen voor de pinda en de zoete aardappel heeft ontdekt, werd altijd voor dag en dauw wakker en ging dan in alle stilte tussen zijn planten zitten. Hij luisterde aandachtig naar de duisternis buiten, wachtend op geheimen die de gewassen hem zouden meedelen, zo wist hij. 'Alles geeft zijn geheimen prijs als je er voldoende van houdt,' legde Carver uit. 'Ik heb niet alleen ontdekt dat het bloemetje of de kleine pinda mij zijn geheimen vertelt als ik er mee praat, maar ook dat mensen hun geheimen vertellen wanneer ik stilzwijgend met hen communiceer – als je voldoende van hen houdt.'

Wees niet bang om ruimte te maken voor stilte en zwijgen in gezelschap van anderen. Als je met je volledige aandacht en aanwezigheid naar anderen luistert, bied je een geschenk dat niet vaak meer wordt gegeven in deze tijd. Een goede strategie voor verdieping van een vriendschap is liefdevol, meelevend, open en vriendelijk te luisteren.

Luister met een warm, teder hart naar anderen. Kijk in jezelf of je je vriendelijk kunt openstellen voor het gezichtspunt van iemand anders. In plaats van te oordelen en je eigen mening te geven, moet je nog eens nadenken over wat je net hebt gehoord, zonder te interpreteren of te oordelen. Nadat je iets hebt gehoord, kun je altijd vragen: 'Is dat wat je bedoelde?' Het kost tijd om actief te leren luisteren, heb dus geduld.

---

36. Deel liefdevolle vriendelijkheid met anderen

Geen enkele les wordt goed geleerd tenzij je die met anderen deelt – met vreugde.
Frank Coppieters

In hoofdstuk 24 heb je het eerste deel van de oeroude meditatie geleerd die gaat over het aannemen van de liefde en geschenken van anderen. Nu is het tijd voor het tweede deel van deze oefening: hoe je liefde moet geven aan je leraren, familie, vrienden en anderen. Het is geen toeval dat complementaire polen van geven en ontvangen de kern vormen van de liefdevolle vriendelijkheidsmeditatie. Wanneer we liefdevolle vriendelijkheid met open hart geven en aannemen, kunnen we ook onze angsten en beperkingen overwinnen. Deze oefening leert ons dat het een vergissing is om geven of ontvangen te beoordelen in termen van kracht en zwakte. Geven en ontvangen zijn twee kanten van één helende sleutel.

Het is een zaterdagochtend en het nieuwe jaar is nog maar een paar dagen oud. Ik stap in mijn auto en rijd naar de Portland Rescue Mission. Mijn vrouw en ik doneren truien, shirts, een elektrische deken en andere voorwerpen die nodig zijn in een periode van ongewone kou. Onderweg stop ik bij het postkantoor om een paar pakjes te versturen. Terwijl ik in de rij sta te wachten, begint de man voor me een praatje. Met licht lijzige stem vraagt hij of ik naar bekerwedstrijden collegefootball heb gekeken.

'Nee, niet echt,' antwoord ik. Ik kijk bijna nooit naar collegefootball. Ik zie een zweem van teleurstelling, bijna treurigheid in zijn gezicht. Het is duidelijk dat hij iemand zoekt met wie hij over dit onderwerp kan praten. 'Maar ik heb wel gehoord over de Alabama game,' zeg ik, me de herhalingen in het nieuws herinnerend. Hij klaart meteen op en begint een moment later enthousiast te vertellen over zijn favoriete team, de Texas Longhorns. Ik weet niets van de Longhorns en ik hoor van deze man dat hun universiteit een gerenommeerde faculteit gezondheidsstudies heeft. Onze conversatie wordt echter abrupt afgebroken wanneer de enige medewerker 'volgende!' roept. De fan van de Longhorns stapt opzij om een paar formulieren in te vullen en ik handel mijn zaken aan de balie af. Bij het weggaan, zie ik dat hij pakken versgemalen koffie in een doos stopt.

'Daar zult u iemand heel gelukkig mee maken,' zeg ik om te laten zien dat ik van goede koffie houd.

'Hier, neem er een', zegt hij zonder aarzelen, en reikt een zilverkleurig pak aan.

'Weet u het zeker?' vraag ik, mijn hand al op de deurklink.

'Ja,' zegt hij glimlachend.

'Dank u. Dat is heel aardig van u,' zeg ik, terwijl ik het pak aanneem en me warm van binnen voel om dit vriendelijke, spontane gebaar van liefdevolle vriendelijkheid. Er is een tijd geweest dat ik dit geschenk niet zou hebben aangenomen. Maar door mijn ervaring in het klooster heb ik leren begrijpen hoe belangrijk het is om een geschenk aan te nemen dat bewust wordt gegeven.

Even later arriveer ik bij de Portland Rescue Mission. Twee vrouwen nemen onze donatie met een brede glimlach aan. 'We hebben dit echt nodig,' is het commentaar. Ik knik, bemoedigd door de gedachte dat iemand het deze winter een beetje warmer zal hebben. En zelf zal ik genieten van de verse, hete koffie wanneer ik weer thuis ben.

Je bent nu vertrouwd geraakt met deel een van de zegening van liefdevolle vriendelijkheid. Deel twee doe je op dezelfde manier, te beginnen met vergeving en het zenden van de volgende zegening van liefdevolle vriendelijkheid naar jezelf.

Moge ik veilig zijn,
moge ik gelukkig zijn,
moge ik gezond zijn,
moge ik in vrede leven.

Moge ik vrij zijn van pijn,
moge ik vrij zijn van honger,
moge ik vrij zijn van alle leed.

Als je je openstelt voor deze zegening, bespeur je misschien een prettig gevoel – een warmte, een kalmte of gewoon een bepaalde zekerheid. Neem zoveel tijd als je nodig hebt. Als je het de moeite vindt om deze zegening te accepteren, stel jezelf dan voor als een baby of klein kind dat dit helemaal verdient. Als dat nog niet helpt, denk dan aan iemand of zelfs iets van wie je hebt gehouden, een kind, een huisdier of een teddybeer. Voel deze liefde en weet dat je deze liefde ook voor jezelf kunt voelen. Zelfs als je de woorden nog niet kunt geloven, is het niet beter om een bewering van liefdevolle vriendelijkheid te doen dan te herhalen 'ik haat mezelf, ik haat mezelf, ik haat mezelf'?

Als je de zegening voor jezelf eenmaal echt voelt, kun je liefdevolle vriendelijkheid naar anderen gaan zenden, in deze volgorde.

Begin met je leraren en mentoren, dan je familieleden, gevolgd door vrienden, mensen voor wie je weinig specifieke gevoelens hebt, onaardige mensen en ten slotte alle wezens. Gebruik de namen van individuen of noem ze mijn leraren, familie, vrienden wanneer je ze als groep wilt zegenen. Neutrale mensen zijn degenen die je wel eens ontmoet maar niet echt kent, zoals de caissière in een winkel en anderen die je wel eens ziet maar van wie je niet echt iets weet. Onaardige mensen zijn degenen die je niet mag of die je kwaad hebben gedaan. Wanneer je je zegening uitbreidt naar alle wezens, kun je beginnen met liefdevolle vriendelijkheid naar je buurt te zenden, dan alle wezens in je stad, je land, alle voelende wezens op de planeet, alle zonnestelsels, alle sterrenstelsels en het hele universum. 'Alle wezens' betekent niet alleen mensen, maar alle levende wezens, hoeveel of hoe weinig ze ook kunnen voelen.

Moge – veilig zijn,
moge – gelukkig zijn,
moge – gezond zijn,
moge – in vrede leven.

Moge – vrij zijn van pijn,
moge – vrij zijn van honger,
moge – vrij zijn van alle leed.

Visualiseer wanneer je deze zegening biedt, de ontvanger als stralend en gelukkig. Je kunt je zegening voor iedereen herhalen zo lang je maar wilt. Als je op enig moment het gevoel hebt dat je voorraad liefdevolle vriendelijkheid uitgeput raakt, zend dan weer liefdevolle vriendelijkheid naar jezelf. Blijf de liefdevolle vriendelijkheid aanvullen zo lang het nodig is. Als je je weer aangevuld voelt, kun je die liefdevolle vriendelijkheid weer naar anderen zenden. Sluit als je klaar bent met de meditatie af met deze laatste woorden:

Mogen degenen die lijden vrij zijn van leed,
mogen degenen die door angst zijn bevangen zonder angst zijn,
mogen de rouwenden alle rouw afwerpen,
mogen alle wezens verlichting vinden.

Hier volgen nog twee gemakkelijke oefeningen in liefdevolle vriendelijkheid.

Maak een praatje met iemand die je normaal nooit spreekt. Toon hem of haar je interesse en medeleven. Dat kan bijvoorbeeld iemand zijn aan het loket van de bioscoop.

De tweede oefening is de volgende. Probeer liefdevolle vriendelijkheid en medeleven te tonen voor iemand die je niet begrijpt of die je altijd ergert. Het gaat er niet om dat je jezelf moet laten beledigen, maar dat je leert om op een bredere, minder voorwaardelijke manier lief te hebben.

---

37. Wees echt en oprecht

Als je oprecht bent, kun je op een schoenveter spelen.
John Coltrane

Het verhaal gaat dat de Boeddha ooit honderden monniken zo toesprak dat ze het allemaal oneens met hem waren en wegliepen. Probeerde Boeddha toen om zo'n draai aan zijn boodschap te geven dat hij grote instemming kreeg en de monniken voor zich won? Nee, hij bleef bij zijn leer in plaats van te proberen zijn woorden aangenamer te maken voor zijn publiek. Reageerden de monniken persoonlijk? Als dat het geval was, had hij de monniken misschien voor altijd weggejaagd. Maar Boeddha vertrouwde erop dat de monniken vanzelf zouden terugkomen als ze zijn woorden waardevol vonden. En dat deden ze ook.

Wanneer we verlangen naar instemming, vinden we misschien nooit onze authentieke stem of ontwikkelen we nooit een eerlijke relatie. Zoals Lao Tse leerde: 'Wees uit op de instemming van mensen en je zult hun gevangene zijn.' Dat je op je gevoelens vertrouwt, betekent echter niet dat je mensen jouw versie van de waarheid op moet dringen. Echt zijn gaat niet over winnen of verliezen.

Als we authentiek met anderen willen omgaan, moeten we in contact staan met onze emoties én gedachten. Voel nu even wat je emotionele toestand op dit moment is. Doe je ogen dicht en kijk naar binnen, voorbij woorden of ideeën. Kijk of je bewuster kun ingaan op het fysieke aspect van het zelf dat ademt, pijn, jeuk of vermoeidheid kent, dat beweegt en klopt met sensatie en een geweten. Voel het karakter, de kwaliteit of tonaliteit van wat je tegenkomt. Je kunt dit gevoel op allerlei manieren ondergaan, bijvoorbeeld als iets lichts, plezierigs, ontspannends, beklemmends of pijnlijks. Wat het gevoel ook is, hoeveel vertrouwen kun je eraan hechten? Kun je je afstemmen op je emotionele toestand wanneer je interactie hebt met anderen? De signalen die je lichaam je sturen, helpen je om oprecht te zijn bij het ontwikkelen van een zinvolle en duurzame relatie.

Uit hersenonderzoek blijkt hoe belangrijk het is om toegang te hebben tot de emoties en intuïtie van je lichaam. In zijn boek *De vergissing van Descartes* beschrijft neurowetenschapper Antonio Damasio hoe een patiënt die niet bij zijn emoties kon komen, meer dan een half uur bezig was om te kiezen tussen twee tijdstippen voor een afspraak. Op basis van logica alleen kon hij met een gedetailleerde analyse geen beslissing nemen. Volgens Damasio hebben we het instinct van ons lichaam nodig bij het nemen van beslissingen, want diens herinneringen aan knikkende knieën (angst), een plezierig gevoel in de buik (vreugde) of een zwaar gevoel in het lichaam (vermoeidheid) versterken wat we op het bestaande moment voelen. Als we toegang kunnen krijgen tot kennis van het lichaam – van zowel het bestaande moment als het verleden – is dat bijzonder nuttig in situaties die om vertrouwen vragen.

Wat als je dat gevoel of instinct niet vertrouwt? Dat is het geval met Teresa, een kleine vrouw van in de dertig met schouderlang blond haar en verdrietige blauwe ogen. Ze is weliswaar nonchalant gekleed in een spijkerbroek, wijd vallende witte blouse en een blauwe blazer, maar verder lijkt er bij onze eerste ontmoeting niets nonchalant of ontspannen aan haar. Teresa is zo overstuur dat ze door haar tranen nauwelijks kan praten. Haar onrust is bijna tastbaar. Haar verhaal is dat van een vrouw die haar realiteit of emoties niet vertrouwt. Met onvoorspelbare, alcoholistische ouders voelde Teresa zich nooit veilig genoeg om haar gevoelens thuis te uiten. En als ze het wel probeerde, negeerden haar ouders die. Op haar achttiende trouwde Teresa met een man die haar financieel, maar niet emotioneel of seksueel veel gaf. De vijftien jaar die volgden, voedde Teresa drie kinderen op maar bleef haar gevoelens onderdrukken en ging gewoon door alsof er niets aan de hand was. Ze was stiekem verliefd op een man die ze via vrienden had ontmoet en kreeg uiteindelijk een verhouding met hem. Toen haar huwelijk stukliep, was Teresa totaal kapot, omdat ze het gevoel had dat ze haar heilige rol als moeder had verraden.

In feite verraadt Teresa zichzelf voortdurend, omdat ze haar diepe, innerlijke gevoelens niet vertrouwt. Net als Damasio's patiënt baseert Teresa alles op haar intellect in haar pogingen om haar nieuwe relatie te verbeteren. Het resultaat is dat ze uitgeput is vanwege de onophoudelijke analyse van haar schuldgevoelens en potentiële response op de handelingen van haar partner. Ik hoorde ook dat Teresa een enthousiaste meditatiebeoefenaar is, die gelooft dat gevoelens een illusie zijn en dus geen geldigheid hebben. Voor haar is meditatie niet meer dan een nieuwe manier om gevoelens uit de weg te gaan. Ik leg Teresa uit dat het ons helpt om onze relaties te leren begrijpen als we aandachtig op ons lichaam letten, en dat we zo ook een balans creëren tussen onze gedachten en emoties. Het gaat erom dat we niet overweldigd mogen raken door onze emoties. Onze emoties geven ons wel waardevolle informatie, maar het is ongezond om lang te blijven stilstaan bij negatieve gevoelens, bijvoorbeeld woede of jaloezie. Zowel gedachten als emoties zijn noodzakelijk om gecentreerd te kunnen zijn. Deze integratie levert een balans op tussen informatie, gezondere grenzen en betere beslissingen. Zo worden we echt tegenover onszelf en anderen.

Uiteindelijk begint Teresa naar de gevoelens van haar lichaam te luisteren op momenten dat haar partner niet ontvankelijk reageert, ongevoelig is of niet met haar wil praten. In plaats van haar emoties te negeren en deze dingen weg te wuiven of te rationaliseren, begint ze op de signalen te letten die haar lichaam haar stuurt. Als het als een stomp in de maag voelt, is het ook een stomp in de maag. Als het als verdriet voelt, is er ook verdriet aanwezig. Ten slotte gaat Teresa haar gevoelens verwerken en vertelt ze die aan haar partner. In het begin vindt ze het moeilijk om haar gevoelens te gebruiken als een middel om congruent en heel te worden, maar het resultaat is dat ze mondig wordt in haar relatie en daaraan als een gelijke begint deel te nemen.

Probeer de volgende strategie om echt te worden en op je ware ik te vertrouwen in een relatie.

Let op de gevoelens die je in een relatie voelt: vreugde, vrede, kalmte, wantrouwen, angst, verdriet, woede, gekwetstheid, vermoeidheid enzovoort. Lokaliseer het gevoel in je lichaam. Accepteer elk gevoel als een signaal dat je iets vertelt over je relatie. Let erop of je het gevoel rationaliseert of onderdrukt. Toon geduld, liefdevolle vriendelijkheid en compassie voor jezelf wanneer je de moed verzamelt om eerlijk over je gevoelens te zijn. Blijf ademen en accepteer je gevoelens zoals ze opkomen. Als dat te pijnlijk of ongemakkelijk is, kun je altijd even pauzeren en je aandacht op iets anders richten – zolang je de wijsheid van je lichaam maar niet negeert.

---

38. Streef naar gelukkige en zinvolle verbintenissen

Neem de tijd om een gelukkig jachtterrein in je huis en in je gevoelens te kiezen en jaag daar elke dag.
Don Gerrard

We kunnen veel leren van de verloren jongens in Soedan, zoals ze worden genoemd. Toen hun families en dorpen werden vernietigd tijdens roofovervallen in de gruwelijke oorlog die meer dan twintig jaar duurde, ontsnapten veel jongens naar de bush. Minstens 27.000 doorstonden een epische overlevingstocht van honderden kilometers, terwijl ze werden aangevallen en honger leden, tot ze aankwamen in Ethiopië. Maar daarmee kwam helaas geen eind aan de beproevingen. Toen de vluchtelingenkampen in Ethiopië werden gesloten, werden ze gedwongen om terug te keren naar Soedan en volgde een nieuwe lange tocht, naar het veilige Kenia. Hoewel het vluchtelingen waren die hun familie hadden verloren, ontwikkelden deze getraumatiseerde jongens hun eigen relaties en gemeenschappen in het vluchtelingenkamp. Ze vonden manieren om samen feest te vieren en elkaar te steunen. Veel van deze jongens die met succes de overgang naar andere landen doorstonden, brachten de kennis en ervaring van levensreddende relaties met zich mee die ons met vreugde en zingeving vervullen.

Moeilijke levensreizen kunnen onze stemming sterk beïnvloeden. Sterker nog, onze stemming kan zelfs vele keren per dag omslaan. Maar wanneer we onze relaties met bewuste aandacht ontwikkelen, zoals de Verloren Jongens van Soedan deden, brengen die relaties ons geluk – zelfs op momenten dat alles verloren lijkt.

De afgelopen jaren heeft de wetenschap gegevens verzameld ter ondersteuning van de idee dat ons geluk toeneemt wanneer we ons omringen met gelukkige mensen. Nicholas Christakis bijvoorbeeld, een docent aan Harvard Medical School, en James Fowler, docent natuur- en sociale wetenschappen aan de Universiteit van Californië in San Diego, leidden een studie waarin werd ontdekt dat sociale netwerken als een circuit kunnen fungeren waardoor geluk zich verspreidt. Onderzoekers bestudeerden de relaties van meer dan vijfduizend individuen die oorspronkelijk deel uitmaakten van de Framingham Heart-studie uit 1948, waarin oorzaken van cardiovasculaire aandoeningen werden onderzocht. Een tweede generatie deelnemers voegde zich in 1971 bij de studie, waardoor onderzoekers een sociaal netwerk kregen dat voor elke vrijwilliger werd uitgebreid over een aantal afstandsniveaus. Uit de studie blijkt dat negatieve factoren als obesitas en roken zich meestal over netwerken verspreiden, maar dat dit ook geldt voor positieve factoren als geluk.

Christakis schrijft: 'We hebben ontdekt dat je emotionele toestand kan afhangen van de emotionele ervaringen van mensen die je niet eens kent, die drie niveaus van je af staan.'

Uit de bevindingen komt naar voren dat de kans 15,3 procent groter is dat je zelf gelukkiger wordt als je een gelukkige persoon kent. De kans is zelfs 9,8 procent groter dat je gelukkig bent als een van je vrienden een gelukkige vriend heeft. Je zou het denk ik het 'geluk van de twee-afstandsniveaus' kunnen noemen: nabijheid is een noodzakelijk aspect van geluk. Als je een gelukkige vriend of verwante hebt die in een andere stad woont, zal dat geen significante invloed hebben op iemands geluk, want geluk lijkt te gedijen op contact. Je krijgt het, zo'n beetje als verkoudheid, alleen van fysiek innig contact met anderen. Onderzoekers hebben ook ontdekt dat aansluiting met anderen via het internet of de telefoon niet dezelfde mate van geluk oplevert als met een contact in levenden lijve.

Hoe kan het geluk (of het verdriet, de ongerustheid of depressie) van iemand anders onze gemoedstoestand beïnvloeden? Een van de antwoorden ligt in het brein, met name in de spiegelneuronen, de hersencellen die vuren (actief zijn) wanneer je iets doet (zoals met een hand zwaaien) of iemand anders ziet doen (met zijn hand zwaaien). Als je je tong uitsteekt naar een kind, zal dat hetzelfde doen. Spiegelneuronen spelen een rol in de manier waarop we leren; ze hebben ook een relationeel en overlevingsdoel, doordat ze ons laten weten wat anderen voelen. Wanneer we iemand zien glimlachen, worden de spiegelneuronen van glimlachen ook in onze hersenen geactiveerd. Hersenonderzoekers denken dat spiegelneuronen de reden zijn waarom we empathie kunnen voelen. Heb je nooit het verdriet of de rouw van iemand anders ervaren? Dat is een vorm van mindful innerlijk inzicht. Het is ook een bewustzijn dat we kunnen cultiveren.

Wanneer we de steun van anderen zoeken, is het van belang dat we selectief zijn – dit geldt vooral voor mensen met een geschiedenis aan schadelijke of foute relaties. (Als dat het geval is, dan is 'Stel je geest in op vertrouwen', hoofdstuk 7, ook nuttig.) Kijk naar mensen die proactief en empathisch zijn.

Ik herinner me nog levendig dat ik eens de juiste soort steun nodig had – en wel onmiddellijk. Ik was net begonnen aan mijn interne opleiding geestelijke gezondheidszorg bij een grote zorginstelling. Het hoofd van het interne programma, Greg, zei ons dat de eerste dagen, in termen van een mythische reis gesproken, op de eenheid een soort 'afdaling in een donkere grot' zouden zijn, en dat hij hoopte dat we daarvan zouden herstellen. Ik nam hem indertijd niet al te serieus, maar dat had ik beter wel kunnen doen. Die eerste dagen in de kliniek zag ik patiënten met aandoeningen die uiteenliepen van acute klinische problemen, van bipolaire stoornissen tot suïcidale ideeënvorming, kwesties die ik nog niet zo snel had verwacht. Toen een van mijn patiënten, een gevoelig achttienjarig meisje, probeerde zelfmoord te plegen, was ik daar kapot van. Nadat ik over haar toestand contact had opgenomen met de afdeling noodopname, hing ik de telefoon op en staarde hulpeloos uit mijn raam naar de kleine binnentuin, waar ik haar nog geen week eerder had zien lopen toen ze mijn kantoor had verlaten. Ik ging naar buiten om een luchtje te scheppen en de gedachten tolden in mijn hoofd. Ik vroeg me steeds af wat ik anders had kunnen doen. Mijn vriendelijke en wijze supervisors, Kathy en John, moesten me door deze en nog vele andere moeilijke situaties heen helpen, maar hoe behulpzaam ze ook waren, ik stond voor andere zorgen die om een andere soort steun vroegen.

Na mijn eerste werkdag bijvoorbeeld, moest ik tot 's avonds laat aan mijn schema's en behandelplannen werken. Om de verwarring van de eerste dag nog groter te maken, had ik geen eigen kantoor (geen enkele interne student had die), alleen een archiefkast op wielen die ik elke dag naar een ander ongebruikt kantoor rolde. Het computersysteem leek niet te ontcijferen en bevatte verschillende systemen voor e-mail, schema's en afspraken. Ik kwam er niet uit hoe ik afspraken in mijn computer kon plannen. Ik kwam overstelpt door alle ervaringen thuis, ik voelde me verslagen en totaal uitgeput. Het was pikkedonker buiten toen ik in het bubbelbad stapte terwijl de vliegtuigen boven mijn hoofd bromden en de hitte de spanning in mijn lichaam absorbeerde. Heel even had ik een voorgevoel dat ik het niet zou redden in mijn interne opleiding. Ik dacht zelfs: misschien is dit geen geschikte carrière voor mij. Ik heb een enorme vergissing begaan. Ik heb duizenden dollars en bijna drie jaar weggegooid aan iets wat niet geschikt is voor mij. Ik slikte hevig en voelde mijn hart zinken. Het was een cruciaal en doorslaggevend moment. Ik moest gaan uitzoeken waar ik gespecialiseerde, positieve ondersteuning kon vinden. De volgende dag zocht ik andere interne studenten op om ervaringen te vergelijken en elkaar te steunen. We voelden ons allemaal overweldigd. Dus maakten we een eetafspraak om onze verhalen uit te wisselen, stoom af te blazen en naar een fris gezichtspunt te zoeken. Zo'n samenkomst was een helende ervaring. Het was ook een effectieve manier om geluk te lokaliseren, door aansluiting te zoeken met mensen die zowel fysiek als emotioneel dicht in de buurt waren.

Hier volgt een manier om vreugde en geluk te creëren in je sociale contacten.

Vertel iemand een mop of opbeurend verhaal. Bijna iedereen wil wel luisteren als iemand hem vraagt: 'Ken je die mop over...?' Bedenk dat we de reis door deze wereld samen maken, dus waarom zouden we elkaar niet een beetje opvrolijken?

---

39. Ontwar je emotionele knopen

Het voordeel van emoties is dat ze ons op het slechte pad brengen.
Oscar Wilde

Heb je ooit meegemaakt dat je emoties je op het slechte pad brachten? Zijn ze ooit de reden geweest dat je leed? Heb je je ooit overweldigd en verward gevoeld en niet in staat goede beslissingen te nemen? Mensen zijn emotionele wezens. Ons brein is geprogrammeerd voor emotie en ons lichaam is zo geprogrammeerd dat het snel reageert op de waterval aan hormonen en chemische stoffen die zelfs een eenvoudige kus produceert. We moeten dit biologische deel van onze natuur respecteren, maar hoe doen we dat en ontwarren we tegelijkertijd de knopen van negatieve emoties die we ervaren?

Samantha is een lange, aantrekkelijke vrouw van halverwege de dertig. Haar sluike zijdezwarte haar golft over haar schouders en ze strijkt het geregeld van haar voorhoofd en ogen weg. 'Mijn moeder blijft maar vertellen wat ik allemaal verkeerd heb gedaan,' zegt ze gefrustreerd.

'Hoe reageer je daarop?' vraag ik.

'Ik voel me hulpeloos. Wanneer ik haar vertel dat ze steeds hetzelfde liedje herhaalt, ontkent ze dat. En als ik boos word, hangt ze gewoon op.'

'En wat gebeurt er dan?'

'Meestal bel ik haar terug en doe net of er niets is gebeurd. Het zou sowieso niet goed voor me zijn als ik er weer over begon; ze zou gewoon ontkennen dat het ooit was gebeurd.'

Ik was een paar maanden later getuige van deze relatie toen Samantha's moeder mee kwam voor een familiesessie. Samantha uitte haar gevoelens over het feit dat haar moeder telkens een bijzonder pijnlijk verhaal herhaalde. Toen gebeurde er iets interessants: Samantha's moeder ontkende dat ze dat ooit deed en kwam vervolgens gewoon voor mijn ogen met het onaangename verhaal! Toen ik haar vriendelijk onderbrak en vroeg of ze besefte dat ze dat verhaal nu aan het vertellen was, keek ze me aan alsof ze dacht dat ik therapie nodig had. En toch kon Samantha niet bij haar moeder uit de buurt blijven. Als een mot keerde ze telkens terug naar het vuur, hopend dat de uitkomst de volgende keer op een of andere manier anders zou zijn. Helaas was dat nooit het geval.

De invloedrijkste relatie in ons leven is die met familie. Hoe onze familie en verzorgers met ons omgaan, bereidt ons voor op onze latere relaties. In deze prille en kwetsbare jaren ontdekken we hoe we onze behoeften kenbaar moeten maken. Als onze ouders of verzorgers regelmatig gefrustreerd, ongeduldig of boos zijn, niet reageren of ons afwijzen, leren we dat het moeilijk en onbevredigend zal zijn om met anderen om te gaan. Als er op jonge leeftijd niet aan onze emotionele en fysieke behoeften wordt voldaan, creëert dat ook trauma's. Het is geen wonder dat Samantha als volwassene nog altijd aandacht wilde, maar dezelfde afwijzing en onzekerheid vond vanwege een afstandelijke moeder. En het was niet verbazingwekkend dat ook haar man afstandelijk en afwijzend was.

Mindfulness biedt een middel om emotionele verstriktheid te transformeren door te letten op de grenzen die we ten opzichte van anderen stellen. Wanneer we ons bewust worden van onze grenzen, zijn we in de positie om daar vragen over te stellen en ze te herzien. Bedenk eens hoe een relatie – of die nu tussen landen is, bedrijven of individuen – gedefinieerd kan worden door de bestaande grenzen. Oorlogen gaan vaak over grenzen. Samantha had zwakke grenzen ten aanzien van haar moeder; ze pikte het dat haar moeder haar slecht behandelde zonder daar consequenties aan te verbinden. Samantha wilde niet voor haar grenzen vechten, bijvoorbeeld door haar moeder niet meer te bellen of haar minder vaak op te zoeken, of af te spreken welke onderwerpen voortaan taboe waren in de conversatie. Als we blijven terugkeren naar een relatie die pijn en leed veroorzaakt, moeten we eens bekijken hoe verstrikt we zijn. Soms zullen we moeten accepteren dat bepaalde mensen grenzen niet willen of kunnen respecteren of daarover willen onderhandelen. Dan staan we voor een moeilijke keus. Hoe verstrikt willen we zijn? Het kan een heel verschil maken als we bewuste grenzen stellen.

Toen ik in de dertig was, besloot ik om uit Chicago te vertrekken om mezelf los te maken uit een pijnlijke relatie met mijn vader. Als product van de Grote Depressie en WO II, was mijn vader vaak wreed veeleisend, kwaad en wantrouwend. Hij prees zijn kinderen maar zelden en toonde bijna nooit affectie, wat natuurlijk een trauma opleverde. Zelfs toen ik fysiek gescheiden was van mijn vader, leefde deze verstriktheid in mij voort en manifesteerde zich in mijn persoonlijke en werkrelaties. Ik ervaarde een hoop frustratie, maar ik besefte pas na mijn veertigste wat de oorzaak van mijn verstriktheid was toen ik een zakelijk partnerschap aanging dat veelbelovend leek.

Al na een paar maanden begon mijn veeleisende, boze en wantrouwige zakenpartner mij uit de zaak te werken – en ongelooflijk genoeg gebeurde dat precies op mijn vaders verjaardag! De zonnige kant van dit alles was dat ik me bewust werd van deze emoties en ze begon te onderzoeken en te ontwarren. Daarom oriënteerde ik me ook op mijn spirituele pad. Allemaal dankzij mijn voormalige zakenpartner.

Mijn reis uit de verstriktheid duurt nog voort. Het heeft betekend dat ik de verantwoordelijkheid neem om gezondere, bewuste grenzen te stellen in al mijn relaties. Het heeft me ook geholpen om een meer vergevingsgezinde en vreugdevollere relatie met mijn vader aan te gaan. Ik zit niet langer vast in een patroon van aantrekken en afstoten om op een onbevredigende manier in mijn behoeften te voorzien. Door mijzelf te bevrijden van vroegere trauma's heb ik ook mijn vader bevrijd van zijn oude rol. Gelukkig zijn we allebei gegroeid en bevat onze relatie meer vriendelijkheid, belangstelling, medeleven, steun, empathie, humor en liefde.

Het vergt moed om emotionele verstriktheid te ontwarren. Bewuste grenzen stellen betekent dat we moeten opkomen voor onszelf, wat eng is omdat je misschien afgewezen wordt. Ons bewust zijn van onze gevoelens betekent niet dat we er minder gehecht aan vasthouden om ons te helpen ontsnappen aan onze emoties. Emoties spelen een belangrijke rol in het volledig deelnemen aan het leven. 'Bloemen zijn rustgevend om naar te kijken. Ze hebben emoties noch conflicten.' Het is heerlijk om kalm te zijn, zoals Freud in zijn citaat aangeeft, maar mensen zijn niet gemaakt om emotieloos te zijn als bloemen. Relaties zijn essentieel voor onze groei. Wanneer we verstrikt zitten in negatieve emoties, zijn we als een bloem die niet de voeding krijgt die hij nodig heeft. Om te kunnen bloeien, hebben we gezonde emotionele connecties nodig – die ons de ruimte en grenzen geven om onszelf te kunnen zijn, maar ook de liefde en het respect die de ziel voeden.

Hier volgt een heilzame stap naar bewuste ontwarring van knagende emotionele knopen.

Accepteer dat je legitieme behoeften hebt in een emotioneel verbonden relatie. Als je niet precies weet wat die behoeften zijn, schrijf ze dan op. Voel jezelf goed dat je emotioneel en spiritueel gevoed wordt. Op je lijst kunnen dingen staan als vrijheid om je emoties te uiten, zelfs je ongenoegen, hoewel je dat niet op een kritische of beschuldigende manier mag doen; vragen om emotionele steun als je die nodig hebt; je verlangens kenbaar maken. Bevestig je behoeften en oefen je in het uiten van je legitieme behoeften. Wanneer de tijd rijp is, moet je voor jezelf opkomen. Dat vergt moed en geduld. Wees dus zo vriendelijk om je authentieke zelf te laten horen.

---

40. Ontsteek iemands kaars

We voorzien in ons leven met wat we krijgen, maar we maken een leven met wat we geven.
Winston Churchill

Generositeit – vrijelijk geven van je geest, kennis en goederen – vertegenwoordigt het beste in de mens. Hier gaan we hand in hand met het goddelijke, afgestemd op wat de boeddhistische monnik Thich Nhat Hanh 'de waarheid van interzijn' noemt. Generositeit staat boven aan de boeddhistische lijst *paramitas*, of de principes van een verlicht leven. In het jodendom is de mitswa Gods gebod om goede daden te verrichten. Een van de vijf pilaren van de islam is *zakat*, of het geven van aalmoezen. Het Griekse woord *agape* maakt deel uit van de christelijke vocabulaire en refereert aan de hoogste vorm van liefdadigheid en liefde voor Gods schepping.

Waar begint liefdadigheid? De kiem voor liefdadigheid kunnen we vinden door in onszelf te kijken naar ons eigen lijden en onze kwetsbaarheid. Want wie van ons heeft niet een of ander trauma of probleem meegemaakt? Wie zou er niet bij gebaat zijn als hij werd aangeraakt door liefde, vriendelijkheid en steun?

Toen Eva Mozes Kor nog geen tien jaar oud was, was er al ondraaglijke schade in haar leven aangericht. Haar familie was in de Tweede Wereldoorlog bijeengedreven en in een goederenwagon met de trein naar Auschwitz gestuurd. De voortekenen van de lange, mistroostige reis zonder eten of water had Eva al op school gezien, waar ze met angst en wantrouwen te maken kreeg. 'We gingen naar een school met leraren die onder toezicht van de nazi's stonden en waar kinderen ons in elkaar sloegen,' herinnert Eva zich in een gesprek met mij. 'Ik was kwaad op mijn ouders en iedereen die met mijn leven te maken had, omdat ik van mijn ouders verwachtte dat ze mij beschermden, en dat deden of konden ze niet. Mijn vader bad elke dag. En hij zei dat alles vanzelf goed kwam als we dat ook deden. Maar de dingen werden alleen maar erger.' Hoe fantasierijk kinderen ook zijn, Eva had nooit kunnen verzinnen welke gruwelen ze zou meemaken.

Haar familie en honderden andere vermoeide gevangenen in de trein werden begroet door vreeswekkende commando's van nazibewakers met machinegeweren, hun blaffende honden en de stank van verkoolde lichamen aan de poorten van de hel op aarde. Minder dan een half uur nadat de gevangenen uit de trein waren gedreven, zag een ss-bewaker grote gelijkenis tussen Eva en haar zus Miriam. Hij rende heen en weer en riep: 'Zwillinge!' – tweelingen. Op het moment dat de ss'ers de 'tweeling' vastgreep, nam een ander Eva's moeder snel in zijn ijzeren greep en sleurde haar in tegengestelde richting. Ze keek wanhopig om, snikte met uitgestrekte armen, terwijl haar kinderen alleen maar verder en verder weg werden gesleept tot ze uiteindelijk in de massa verdwenen en er alleen nog maar schrille, wegstervende kreten te horen waren.

Meer dan zestig jaar later herinnert Eva zich alles nog alsof het gisteren was. 'Ik werd losgerukt van mijn familie en zag nooit iemand terug. En er was geen tijd om over de gebeurtenissen na te denken of ze te verwerken. Ik had het gevoel alsof ik naar een beeld van iemand anders keek, als een ervaring buiten mijn lichaam. De eerste nacht kon ik niet slapen, omdat er ratten over de vloer liepen. Ik ging naar de latrine en vond daar drie dode kinderen. Toen ging ik beseffen dat Miriam en mij hetzelfde kon overkomen tenzij ik iets deed. Precies daar legde ik een plechtige eed aan mijzelf af. Ik zei: "Ik zal alles doen om te voorkomen dat Miriam en ik op deze gore latrinevloer eindigen."'

Het duurde niet lang voor Eva ontdekte waarom zij en Miriam en andere tweelingen in leven werden gehouden. Ze kwam er al snel achter toen ze naar barakken werden gebracht waar alleen tweelingenmeisjes verbleven. 'Omdat we een tweeling waren, werden we voor allerlei experimenten gebruikt. Drie keer per week werden we naakt in een ruimte gezet, gemeten en zes tot acht uur bestudeerd. Het was ongelooflijk vernederend.' Op de overige dagen werden Eva en Miriam naar een laboratorium in Birkenau gereden, waar ze bacillen kregen ingespoten. Vervolgens werd hun bloed afgenomen. Een van de twee was het proefkonijn, terwijl de ander voor controle diende. Als het proefkonijn zou sterven, kreeg de gezonde andere een dodelijke injectie. Dan zou er een dubbele autopsie worden gedaan om beide 'subjecten' te vergelijken. Om elk greintje kracht en energie te sparen, spraken de zussen zelden.

'Ze namen bloed uit de ene arm en gaven injecties in de andere,' herinnert Eva zich. 'Na een zo'n injectie werd ik erg ziek en werd naar het ziekenhuis gebracht. Dokter Mengele kwam de volgende dag, keek naar mijn koortsstatus en verklaarde dat ik nog twee weken te leven had. Die twee weken balanceerde ik tussen leven en dood. Ik herinner me dat ik kruipend door de heel lange barakken worstelde om aan de andere kant water te zoeken. Dat was niet iets wat mijn bewakers op prijs zouden hebben gesteld als ze het hadden gezien. Ik weet zeker dat ze niet wisten waarom ik kroop. Ze zagen alleen dat ik ijlde en half bewusteloos was.' Ook al kreeg ze geen medische zorg, het fysiek breekbare tienjarige meisje hield vast aan de eed die ze die eerste nacht stilletjes in de latrine had afgelegd. 'Ik zag mezelf geen moment dood in die negen maanden dat ik in Auschwitz was. Ik zag mezelf altijd het kamp uit lopen. Ik heb nooit een seconde van angst of twijfel in mijn hoofd toegelaten. Ik heb het nooit tegen Miriam gezegd, omdat ze me op de proef zou stellen.'

Tijdens het donkerste moment in het ziekenhuis werden Eva's lichaam en geest door een onwaarschijnlijke bron gevoed. Op een nacht sloop een magere figuur heimelijk langs de lange rij ziekenhuisbedden in de onverlichte barakken. Eva keek op maar kon alleen het silhouet zien van een vrouw die naar haar staarde. De aarde stond stil op dat moment en in de grote stilte tussen hen legde het vrouwensilhouet zachtjes een stuk brood op Eva's bed. De volgende nacht stond de vrouw weer als een geest aan Eva's zijde. Ze sprak nooit een woord terwijl ze stiekem voedsel naast Eva's hoofd neerlegde. Bij een gelegenheid waagde de vrouw – waarschijnlijk een Duitse bewaakster – om een stuk chocoladecake mee te brengen. Deze kleine geschenken hielpen Eva ontsnappen aan wat ze nu 'de barakken van de levende doden' noemt. Dat wonder van geven hielp Eva, samen met haar eigen koppige vastberadenheid, uiteindelijk om te genezen en terug te keren naar haar zus.

Maar de experimenten gingen door. Na negen meedogenloze maanden kwam er letterlijk hoop uit de lucht vallen. 'Op een dag kwam er een vliegtuig. U moet beseffen dat ik een tienjarig kind was en ik keek er met grote ogen naar. Het vloog laag genoeg om de Amerikaanse vlag op een van de vleugels te kunnen zien. Het vliegtuig cirkelde boven het kamp en verdween weer. De nazi's zetten de sirenes aan en toen vloog er een grotere groep vliegtuigen over, misschien een stuk of tien. Die vliegtuigen gaven me hoop en met mijn kinderlijke brein dacht ik dat de hele wereld een concentratiekamp was. De slechteriken waren de nazi's en de goeden waren de Amerikanen, die ons kwamen redden. Ik weet niet hoeveel langer ik nog had overleefd als ik die vliegtuigen niet had gezien. Hoe meer vliegtuigen overkwamen, hoe beter ik begreep dat de goeden gingen winnen en de slechteriken verloren. Eind november stopten de experimenten. Ze hielden gewoon op. Dus zelfs in die geïsoleerde toestand en ontbering kon ik begrijpen wat er aan de hand was. Die piloten gaven me voldoende hoop om nog een dag te overleven, de experimenten te overleven.' Tegen alle logica in hield Eva vast aan haar gelofte van hoop voor zichzelf en Miriam. In een film waarin overlevenden Auschwitz verlaten, lopen Eva en haar zus helemaal voorop in de rij. Nu zegt Eva met overtuiging: 'Mijn levensles is dat je nooit, nooit mag opgeven, want als je het opgeeft, gebeurt er niets. Ik heb geleerd dat het zonder hoop heel gemakkelijk was om dood te gaan, en er waren mensen die het opgaven.'

Eva heeft haar eigen leed gebruikt als een middel om andere mensen die lijden te kunnen helpen. Ze richtte het CANDLES (Children of Auschwitz Nazi Deadly Lab Experiments Survivors) Holocaust Museum op in Terre Haute, Indiana. Toen brandstichters het in 1993 in brand staken, wijdde Eva zich aan de wederopbouw van het museum. Ze reist over de hele wereld om op scholen vergeving en genezing van de pijn te onderwijzen. Ze biedt de volgende generatie – en ons allemaal – hoop door haar belangeloze geven. En, haar daden zijn in overeenstemming met de raad van Boeddha: 'Er kunnen duizenden kaarsen worden aangestoken met één enkele kaars, en het leven van de kaars wordt niet verkort. Geluk wordt nooit minder door het te delen.'

Hier volgt een oefening in kaarsen aansteken, die je misschien verandert.

Steek deze week iemands kaars aan door een persoon te inspireren. Het kan je helpen om naar je eigen wonden, worstelingen en problemen te kijken. Dat vergt moed, maar kan je ook helpen je unieke gave te vinden en te ontdekken hoe je die kunt delen. Veel mensen die met een verslaving hebben geworsteld, worden bijvoorbeeld adviseurs over verslaving. Kun je iemand bedenken – een leraar, vriend, mentor, verwante of iemand anders – die een positieve invloed op je heeft gehad? Hoe kun je dat zelf zijn voor iemand anders?

---

41. Stem jezelf op anderen af

Het is duidelijk dat we, als we in harmonie met onszelf en de natuur willen leven, vrij moeten kunnen communiceren in een creatieve beweging, waarin niemand permanent vasthoudt aan zijn ideeën of die anderszins verdedigt.
David Bohm

Heb je nooit een verhitte discussie over politiek of godsdienst gevoerd die eindigde in misverstanden en irritatie? Dit gebeurt maar al te vaak, omdat onze communicatiestijl tot conflict leidt. Daar staat tegenover dat betere afstemming een middel is om in jezelf te kijken om je bij een ander te kunnen aansluiten en die beter te begrijpen. Het interessante is dat het woord *discussie* is afgeleid van dezelfde stam als *concussion* (schok, hersenschudding) en *percussie*. Met andere woorden, discussie is een dialectische methode van argumenteren, waarin we onze opvattingen, egocentrische waarnemingen en ons verlangen om gelijk te krijgen er luid bij anderen in willen hameren. Sommige kwesties worden misschien met deze methode opgelost, maar het brengt ons niet dichter bij elkaar. Gelukkig bestaat er afstemming, een optie waarmee we de deur naar een meer verlichte en bewuste vorm van communicatie openzetten. Door ons beter op elkaar af te stemmen, leren we om bruggen te slaan naar vrede en tolerantie.

Toegeven om anderen te plezieren of om conflict te voorkomen, is geen afstemming. Janice bijvoorbeeld, een jonge vrouw met wie ik heb gewerkt, wilde zo graag dat haar relatie werkte dat ze haar leven veranderde om het aan te passen aan de leefstijl van haar vriend. Was ze vroeger gewend om vroeg op te staan en yoga- en meditatieoefeningen te doen, nu sliep ze tot halverwege de ochtend uit, wanneer haar vriend langzaam wakker werd. Ze had altijd een in haar ogen gezond vegetarisch eetpatroon gehad en dronk af en toe een glaasje wijn. Maar nu at ze het dikmakende voedsel en vlees waar haar vriend van hield en ze dronk meer om niet achter te blijven bij haar vriend, die erg van bier en wijn hield. Janice ging altijd lopen, fietsen en naar de film; met haar vriend bleef ze thuis en keer tv. Uiteindelijk besefte ze dat ze te veel van zichzelf opgaf, alleen maar om haar relatie niet te verliezen.

Er zitten allerlei aspecten aan bewuste afstemming, en die kun je zowel verbaal als nonverbaal uiten. Verbale afstemming begint met openheid, de bereidheid om het wereldbeeld van een ander te bekijken om die te kunnen begrijpen. Dit bereik je met dialoog in plaats van discussie. Dialoog, dat is te vertalen als 'door woord', is gebaseerd op de grondslag dat alle ideeën kwetsbaar zijn. Dit betekent dat mijn en jouw ideeën kwetsbaar zijn (niet alleen de andere persoon) en dat onze ideeën moeten worden opgeschort om dialoog mogelijk te maken. Dialoog vereist een gedeelde wens om de waarheid te zoeken door ideeën uit te wisselen. Dat is iets heel anders dan iemand over te halen om een bepaald overtuigingensysteem aan te nemen.

In een dialoog is vaardigheid met woorden heel belangrijk. Dat wordt weerspiegeld in niet-beschuldigend en niet-oordelend taalgebruik. Daarvoor moeten we, al is het maar een paar momenten tegelijk, onze eigen sterke opinies en vooronderstellingen opzij zetten. Verbale afstemming zorgt ervoor dat een ander zich gehoord en gevalideerd voelt, en daarmee bouw je aan een gedeeld wij-gevoel.

Dialoog bevordert de bereidheid van geven en nemen in de communicatie, waarin de ander tijd en ruimte krijgt om een ander perspectieven te tonen. Afstemming in dialoog vereist ook opheldering. Dit houdt in dat we eerst luisteren en dan proberen te begrijpen wat de ander heeft gezegd, door vragen te stellen. Verbale afstemming betekent ook dat we terugkoppelen wat we hebben gehoord, zonder interpretatie, om te bevestigen wat er is gezegd. Een respectvolle toon en stem zijn ook aspecten van afstemming. Wanneer we ernaar streven om een hoog verbaal bewustzijnsniveau te bereiken, tonen we ook waardering voor de bijzonderheid van andermans geest.

Maar eenvoudig is het niet om onze overtuigingen op te schorten omwille van de dialoog. We zullen gebruik moeten maken van mindfulness in lichaam en geest. Pas dan merken we wanneer het lichaam verstrakt omdat de geest zich afwendt bij het horen van een mening die haaks staat op die van jezelf. Op dit punt komt vaardigheid in non-verbale afstemming aan de orde. Zoals eerder gezegd (in hoofdstuk 38, 'Streef naar gelukkige en zinvolle verbintenissen'), stellen spiegelneuronen ons in staat om af te stemmen op een ander. Diafragma-ademhaling en bewustzijn van emoties en spanning in het lichaam zijn waardevolle hulpmiddelen. Adem in de lichaamsdelen die verstrakken of gespannen zijn, en verwijder deze signalen bij het uitademen. We vinden ons centrum terwijl we blijven luisteren en ons afstemmen.

Non-verbale afstemming wordt primair geuit in gezichtsuitdrukkingen, lichaamstaal, de toon en intensiteit van de stem, en aanraking. Maak je consistent oogcontact terwijl je praat? Oogcontact wordt niet in alle culturen hetzelfde opgevat, dus is het altijd belangrijk dat we dit weten als we een dialoog hopen aan te gaan met iemand uit een andere cultuur. Natuurlijk is een glimlach, een open gezichtsuitdrukking altijd een goede manier om de reactiviteit bij anderen te beperken. Lichaamstaal kan dat ook. Word je bewust van je lichaamshouding wanneer je je wilt afstemmen op iemand anders. Zijn je armen gekruist of ontspannen? Knik je of schud je je hoofd? Rol je met je ogen of zit je te friemelen? Als we gevoelig worden voor non-verbale tekens, kunnen we een niet-gewelddadige response overbrengen, zonder agressieve gebaren. De intensiteit van de toon is ook een aspect van non-verbale communicatie. Is je toon respectvol? Is de intensiteit van het stemgeluid van de ander agressief of uitnodigend? We kunnen de intensiteit van onze stem ook aanpassen aan een ander om de intimiteit te bevorderen – bijvoorbeeld aan de opwinding of de kalmte van iemands emotionele gemoedstoestand.

Opletten wanneer we ons innig verbonden voelen met iemand is een goede manier om ons bewuster te worden van dit non-verbale proces. En ten slotte verhoogt aanraking de aanmaak van oxytocine, een bindingshormoon in de hersenkern dat een verband aangeeft met het vertrouwen dat we in onze sociale interactie ervaren. Lichamelijke aanraking verlaagt ook het cortisolgehalte in het lichaam, wat bevorderlijk is voor de stemming en stress vermindert. Wanneer dat aan de orde is, kan een handdruk, een omhelzing of een sympathieke hand op de schouder de gevoelens van innerlijke stress in een ander ongedaan maken.

Afstemming is net als mindfulness een vaardigheid die je moet oefenen en ontwikkelen. Probeer de volgende oefening om intimiteit op te bouwen.

Oefen met deze vijf non-verbale signalen de afstemming op je familie en vrienden:

1. Maak oogcontact.
2. Neem een open, niet-bedreigende lichaamshouding aan.
3. Kies voor een gepaste vorm van aanraking.
4. Glimlach en toon een open gezichtsuitdrukking.
5. Ga in jezelf op zoek naar empathie.

Met deze criteria werk je aan een veilige, accepterende omgeving, waarin anderen het gevoel hebben dat ze zich veilig kunnen uiten.

---

42. Bied anderen vreugde en een niet-oordelende houding

Ik beoordeel het universum niet.
De Dalai Lama

Stel je eens voor hoe anders je leven zou kunnen zijn als de oordelen en eisen van anderen nooit op je hadden gedrukt, van de druk en verwachtingen van ouders tot normen die de cultuur stelt. Hoe zou het voelen om te worden begrepen en gesteund om wie je bent, in plaats van te worden beoordeeld op basis van prestaties in de buitenwereld? Stel je voor dat je familie en vrienden hebt die geen zeggenschap willen hebben over je cijfers, banen of andere keuzen in het leven, die in plaats daarvan waarderen en begrijpen dat je je eigen beslissingen moet nemen. Hoe zou het zijn om tijd door te brengen met mensen die liever hun vreugde, liefde, goedheid en geluk met je delen én jou ook hun geluk wensen, in plaats van cynisme en pijn?

Stel je even voor hoe dat zou zijn. Laat de gevoelens van steun en vreugde in alle cellen van je lichaam bezinken. Het is belangrijk dat je dit soort connectie met anderen ervaart en waardeert. Wat is dit gevoel? Het is de vreugde van sympathie die voortkomt uit niet-oordelende compassie. Waarom zouden we die niet ook aan anderen geven? Als we dat doen, worden we de vreugde en lichtheid die we zoeken.

'Ik kan wel duizend dingen bedenken die me niet bevallen aan mijn dochter,' roept Marty uit, een drieënzestigjarige automonteur met zilvergrijs haar en een hoekige kaaklijn. 'Ik vind het niet leuk dat ze rookt, alcoholist is, haar huis niet schoonmaakt en me altijd om geld vraagt.' Ik hoor dat Marty nog veel meer op zijn lijst met teleurstellingen heeft staan. Hij is met name woedend dat zijn dochter en haar man hun kinderen gebruiken om hun grootvader te manipuleren en geld van hem te lenen – 'dat nooit terugbetaald wordt'. Luisterend naar Marty's verhaal kan ik hem niet kwalijk nemen dat hij boos en overstuur is. Maar het is me ook duidelijk dat Marty zich ellendig voelt door zijn oordeelzuchtige kijk op zijn dochter en dat dit schadelijk is voor de relatie met haar.

Na verloop van tijd voelt Marty wel voor het idee dat hij zijn dochter kan accepteren zoals ze is en tegelijkertijd empathisch grenzen kan stellen. Ze kan haar eigen beslissingen in het leven nemen en zelf in haar onderhoud voorzien. Wanneer Marty zijn woede en onrealistische verwachtingen loslaat, begint de relatie met zijn dochter te ontdooien en wordt meer open en eerlijk. Op de dag dat we onze laatste sessie afronden, vertelt Marty met een brede grijns: 'Het gaat fantastisch. Mijn dochter belde me vanuit een autohandel om iets te vragen over een auto die ze ging kopen. Ik liet haar weten dat ik vertrouwen had in haar oordeel en dat ik haar er niet bij ging helpen. Ik had nooit gedacht dat het zo'n verschil zou maken als ik haar zou accepteren zoals ze is.'

Oordeelzuchtig zijn is niet hetzelfde als kritisch zijn en onderscheid weten te maken, en niet hetzelfde als evalueren en analyseren om tot een beslissing te komen of dingen te vergelijken. Een oordeelzuchtige geest kan gevaarlijk zijn. Zo'n geest blijft vastzitten in een persoonlijk en beperkt perspectief dat om ik, mij en mijzelf draait. Als je mensen beoordeelt volgens zwart-witnormen blijft er weinig ruimte over voor de grillen die ons maken tot wie we zijn. Maar een vreugdevolle en meelevende geest nodigt uit tot hoop en maakt het leven draaglijk. Een aangeboren vreugde die in ons allemaal leeft, wil uit zijn kiem van afzondering en eenzaamheid breken. De vreugdevolle geest is niet geobsedeerd door winnen of de behoefte om gelijk te krijgen, maar is meer geïnteresseerd in het delen van vreugde en zich verbonden voelen met anderen. De meelevende geest oogst vreugde door vreugde te geven en te verspreiden, zelfs op onwaarschijnlijke en onverwachte plaatsen.

De weidsheid van vreugde en meeleven is je misschien ontgaan, maar uit nieuwe hersenonderzoek blijkt dat we het brein positief veranderen wanneer we meelevende gedachten denken. In een zeer recente studie onder leiding van Richard Davidson, onderzoeker en directeur van het Lab for Affective Neuroscience van de Universiteit van Wisconsin in Madison, vertoonde een groep van acht boeddhistische monniken en langdurige meditatiebeoefenaars ingrijpende veranderingen in hun hersenen terwijl ze bezig waren met een meditatie over liefdevolle vriendelijkheid. Terwijl er 128 EEG-sensoren aan hun hoofd waren bevestigd, kregen ze de instructie om meelevende gedachten in hun geest te laten doordringen zonder zich op een specifieke persoon of een object te richten. De onderzoekers definieerden medeleven of compassie als een 'onbeperkte bereidheid en beschikbaarheid om levende wezens te helpen'. Vergeleken met de controlegroep vertoonden de meditatie- en compassiebeoefenaars significant actievere gammagolven in de hersenen, een hogere amplificatie van gammagolven, en gammagolven die in delen van de hersenen worden gesynchroniseerd. Gammagolven spelen een rol in het geheugen, bij probleemoplossend vermogen, betere hersenfunctie, een hoger geluksniveau en, volgens de studie, een hoger compassieniveau.

Inderdaad, compassie betekent dat je je hart openstelt om leed en verdriet te delen. Maar de andere kant van die medaille is dat je ook vreugde en opgewektheid deelt. Soms slagen we erin om zo ernstig en oordeelzuchtig te zijn dat we niet licht en vreugdevol genoeg zijn! De boeddhistische leraar Pema Chödrön merkte op: 'Naast gevoel voor humor wordt een vreugdevolle geest ook gesteund door nieuwsgierigheid, aandacht en belangstelling voor de wereld om je heen. Je hoeft niet per se gelukkig te zijn. Maar het helpt als je nieuwsgierig bent zonder een zware oordeelzuchtige houding.' Hoe zit het met jouw bereidheid om meelevend te zijn? Hoe beschikbaar ben jij op dit moment – en het volgende – om je oordeel en verwachtingen van jezelf en anderen op te merken? Ben je op dit moment bereid om vreugde en waardering voor anderen na te streven?

Deel ook je humor, zwakke kanten en inzichten met anderen. Ik herinner me een keer dat ik in het klooster een pot verse thee op een klein tafeltje naast de keuken zette. De tafel was al wankel en terwijl ik ging zitten, zette ik mijn handen op de tafel, waardoor die helemaal uit elkaar viel. Toen de tafel letterlijk doormidden brak, viel ik op de grond en stroomde de thee over me heen, zodat ik me verbrandde. Een monnik in de kamer ernaast hoorde de klap en kwam aanhollen. Dat moet een fraai gezicht zijn geweest, want toen hij me zag, begonnen we allebei te lachen. Hoeveel pijn ik ook had, ik liet mijn gêne en zelfveroordeling los op dat moment tot alleen het komische van de situatie overbleef. Soms leveren onze zwakheden vrolijke momenten op – of dat nu met opzet is of niet. Stel je open voor vreugde en meeleven.

Zoek een rustig plekje waar je je op je gedachten en gevoelens van compassie kunt concentreren. Herhaal een paar minuten lang de woorden 'Moge ik beschikbaar zijn en klaar om alle levende wezens te helpen. Moge ik mijn vreugde en lichtheid met anderen delen, en moge ik toelaten dat anderen die met mij delen.' Denk ten slotte aan degenen die lijden en stel jezelf voor hoe je het leed in de wereld helpt verminderen met daden van vreugde.

---

43. Cultiveer vriendelijk spreken

Vriendelijkheid is de taal die de doven kunnen horen en de blinden kunnen zien.
Mark Twain

What's in a word? Anders dan in de wiskunde, waar één plus één twee is, hoe vaak die cijfers ook worden opgeteld, zijn communicatie en expressie subtiel, divers en complex. Hetzelfde woord of dezelfde zin kan allerlei betekenissen hebben. En de emotie en energie achter de woorden hangen samen met de context en onze eigen persoonlijke associaties en geschiedenis.

In zijn boek *Unfolding Meaning* onderzoekt de fysicus David Bohm hoe gedachten en taal de vorm van 'ononderbroken heelheid' bevatten. Woorden en betekenis zijn onderdeel van een geïmpliceerde of omsloten orde die het universum weerspiegelen waarin alles met elkaar samenhangt, aldus Bohm. Volgens hem omsluiten emoties en gevoelens gedachten. Gedachten omsluiten intentie. Intentie omsluit bewustzijn. Bewustzijn omsluit een connectie met een bron, enzovoort, in een keten van omsluitingen. In dit paradigma bezit taal een onzichtbare heelheid die zich naar buiten verdeelt als rimpels in een vijver.

De soefi-mysticus Hazrata Inayat Khan schrijft: 'Omdat alle dingen worden gemaakt door de kracht van geluid, van vibratie, zo wordt alles gemaakt door een deel daarvan, en de mens kan zijn wereld door dezelfde kracht maken... Deze kennis werkt als vleugels voor de mens; het helpt hem om van de aarde op te stijgen naar de hemel, en hij kan doordringen in het geziene en ongeziene leven.' Wetend dat onze woorden kunnen genezen of kwetsen, kunnen we ernaar streven om woorden wijs en aandachtig te kiezen – en zo onze alledaagse taal van het gewone naar het spirituele te tillen.

Jane, een stijlvol geklede vrouw van in de vijftig, is bij me gekomen omdat ze 'helemaal over de rooie' raakt van de mensen in haar leven. Ik merk dat ze snel lacht en glimlacht. Niemand zou op het eerste gezicht zeggen dat Jane zo kwaad kan worden dat ze de controle over haar woorden helemaal kwijtraakt en dat mensen uiteindelijk de telefoon neerleggen of de kamer uitlopen. En niet alleen volwassenen bombardeert Jane met haar harde taal. 'Het doet me echt pijn dat ik dat ook tegen mijn kinderen doe,' zegt ze. Jane is ook bang dat ze een muur heeft opgetrokken tussen zichzelf en haar man, die zich fysiek en emotioneel van haar heeft verwijderd.

Ik hoor dat Jane extreem gestrest is. Tussen haar werk als verkoopster en thuislerares voor haar kinderen heeft ze vrijwel geen tijd om zich te ontspannen. Ze zit ook in de menopauze, wat een nadelig effect heeft op haar stemmingen. Uiteindelijk maakt Jane een plan om grenzen te stellen en tijd voor zichzelf vrij te maken om de stress te verminderen. Ze leert ook hoe ze beter op haar taal kan letten en haar gevoelens tegen haar man kan uiten voordat ze over de rooie gaat. Een naturopaat helpt haar hormoonhuishouding te reguleren en schrijft een precursor voor serotonine en dopamine voor. Jane merkt onmiddellijk verschil. Niet alleen spreekt haar man weer met haar, ze heeft zichzelf ook meer in bedwang en is zorgzamer voor haar kinderen.

Woorden zijn als levende klei waarmee we onze relaties vormen. Wijze woorden kunnen vertrouwen opbouwen; onvriendelijke woorden kunnen duurzame schade aanrichten. In ons elektronische tijdperk reizen onze woorden sneller dan ooit. E-mailtjes worden vaak snel geschreven, met het risico dat ze verkeerd worden begrepen of geïnterpreteerd. Om verwarring te voorkomen, willen sommige bedrijven dan er alleen per telefoon of in levenden lijve wordt gecommuniceerd. De technologie compliceert effectief gebruik van de taal zelf, dat toch al een complex systeem is. Het is belangrijker dan ooit dat we weten hoe we vaardig en vriendelijk met woorden omgaan. Maar waar beginnen we?

Volgens Boeddha is een uitspraak alleen juist en vriendelijk als 'die op het juiste moment wordt gedaan. Oprecht wordt gedaan. Met affectie wordt gedaan. Heilzaam wordt voortgebracht. Wordt gedaan met een geest van goede wil.' Een uitspraak die deze vijf elementen bevat, is een voorbeeld van vriendelijk spreken. Laten we de eerste voorwaarde, spreken op het juiste moment, eens nader bekijken. Dat betekent soms ook *níet* spreken, bijvoorbeeld wanneer we overstuur of reactief zijn. Dit aspect van vriendelijk spreken betekent dat het misschien belangrijker is dat je je kunt inhouden, je beheerst, op een bepaald moment, dan zeggen wat je op je lever hebt. Het is een teken van geduld en wijsheid als je weet wanneer je boodschap wordt gehoord en gewaardeerd. We zouden er bijvoorbeeld van af kunnen zien om iemand die net ontslagen is, te vertellen over de fantastische promotie die we net hebben gekregen. Als we in het bestaande moment zijn, leren we te vertrouwen op het gevoel in ons lichaam dat ons zegt wanneer het de juiste tijd is om te spreken.

Oprechtheid is het volgende element van vriendelijk spreken. Eerlijkheid is de hoeksteen van vriendelijk spreken, omdat het vertrouwen opbouwt. Eerlijkheid vereist dat we de dingen die dat belemmeren uit de weg ruimen, zoals hebzucht, afgunst, egocentrisme, haat en andere persoonlijke verlangens om voordelen te behalen. Liegen ondermijnt het sociale vertrouwen en de cohesie. Omdat leugens zich vermenigvuldigen, wordt het steeds moeilijker om ze te beheersen. Ontevredenheid, onrust en oorlog worden vaak gevoed door vormen van liegen, zoals laster en roddel, waarmee anderen ontmenselijkt worden. Waarheidsgetrouw en eerlijk spreken levert juist een schakel naar de realiteit op, om de dingen te kunnen zien zoals ze zijn. Maar let wel, zogenaamd oprecht spreken is niet een gemene manier van spreken die wordt gerationaliseerd en vermomd als 'eerlijkheid'. Heb je nooit iemand horen zeggen 'eerlijk gezegd...' gevolgd door iets heel onaardigs? Oprecht eerlijk spreken kun je oefenen. Alle woorden zijn alleen effectief als er rekening wordt gehouden met de geest van vriendelijkheid.

Het derde aspect van vriendelijk spreken is dat je dit met affectie of op vriendelijke toon doet. Dit betekent dat je niet alleen eerst moet nadenken over wat je gaat zeggen, maar ook goed moet opletten *hoe* je de woorden uitspreekt. Zijn de woorden in overeenstemming met je gevoelens? Als je ergens overstuur over bent maar doet alsof er niets aan de hand is, is je spreken niet oprecht. Hoe kun je spreken op een manier die niet hard is maar compassie overbrengt? Thich Nhat Hanh, de Vietnamese dichter en monnik, zegt daar het volgende over: 'Weeg elk woord zorgvuldig voor je iets zegt, zodat je woorden "juist" zijn in vorm én inhoud... Je mag een ander alles vertellen wat er in je hart speelt, op voorwaarde dat je liefdevol spreekt. Als je niet kalm kunt spreken, zeg dan niets die dag.' Dit betekent dat je zonder woede, beschuldiging, kritiek en schelden moet spreken. Zelfs een klacht over iets kan met respect worden uitgesproken, zonder je toevlucht te nemen tot beschuldigingen en karaktermoord.

Het vierde facet van vriendelijk spreken – woorden op een heilzame manier gebruiken – vraagt van ons dat we moeten bedenken dat woorden geen wapens zijn die mogen worden gebruikt om iemand die jou heeft gekwetst, te kwetsen, te schande te maken of te beschuldigen. Het is een oprechte uitdrukking van onze gevoelens op dat moment, gesproken met compassie, geduld en vriendelijkheid. Als je woorden heilzaam gebruikt, impliceert dat ook dat je de woorden zorgvuldig kiest en bijvoorbeeld niet roddelt of loze praatjes houdt. Ik ken een bedrijf waar is afgesproken dat er alleen over iemand mag worden gepraat als die persoon aanwezig is. Het resultaat – volgens een werknemer – is een gezondere werkomgeving zonder roddel en zinloos gepraat.

Het laatste aspect van vriendelijk spreken is spreken met goede wil, wat betekent dat je met intentie en vanuit je hart moet spreken. Deze vorm van spreken is bevorderlijk voor vriendschap, verdiept de verstandhouding en is niet oordeelzuchtig of beschuldigend. Op deze manier spreken betekent niet dat je niet assertief mag zijn, maar wel dat je intimiderend of agressief taalgebruik vermijdt. Wanneer je communiceert met goede bedoelingen, voelen alle partijen zich gehoord en gerespecteerd. Het betekent ook niet dat je jezelf niet mag verdedigen als je slecht behandeld bent. Boeddha zelf werd eens uitgescholden. Hij antwoordde door te zeggen dat de ontvanger een geschenk kan weigeren dat hem wordt aangeboden. Op deze manier weigerde hij de ongewenste scheldpartij en gaf die terug.

Wees niet te hard voor jezelf wanneer je minder vaardig of vriendelijk spreekt dan je zou willen – vriendelijk praten vergt een leven lang oefenen. Hier volgt een techniek waarmee je het kunt cultiveren.

Neem aan het eind van elke dag even de tijd om na te denken over de interacties waarin je woorden niet volledig transparant, eerlijk en vriendelijk waren. Doe je best om de redenen en emoties achter je woorden eerlijk te beoordelen. Vergeef jezelf voor de keren dat je uit hebzucht, woede of een andere ongezonde emotie hebt gesproken. Beloof om het in de toekomst beter te doen.

---

44. Geef om je relaties

> *Het is iets geweldigs om over na te denken, dat elk mensenschepsel zo is gemaakt dat hij een diep geheim en mysterie voor alle anderen is.*
> Charles Dickens

Relaties zijn vaak verwarrend. Het verlangen om relaties te herstellen en te begrijpen, maakt dat velen van ons hun toevlucht nemen tot zelfhulpboeken en therapie. Maar mindfulness belooft niet langdurige problemen in de familie op te lossen, het is geen recept voor de relatie die we willen, en enkel het feit dat we mindfulness beoefenen, betekent nog niet dat anderen daar ook enthousiast toe overgaan. Natuurlijk is de stiekeme hoop dat anderen 'hun' problemen op deze manier zullen oplossen begrijpelijk. Dat zou leuk zijn, maar mindfulness in relaties gaat niet om wat we kunnen krijgen, maar om wat we kunnen *geven.*

Het ligt wel altijd in onze macht om ons bewust te zijn van wat we anderen geven. De Dalai Lama zegt: 'Als er liefde is, is er hoop op echte familie, echte broederschap, echte gelijkheid, echte vrede. Als de liefde in je geest verloren gaat, als je andere wezens als je vijand blijft zien, maakt het niet uit hoeveel kennis je hebt en hoeveel opleidingen je ook hebt gevolgd, hoeveel materiële vooruitgang je ook hebt geboekt, dat brengt alleen maar leed en verwarring met zich mee.' Mindful zijn in relaties betekent dat we mensen gewoon accepteren zoals ze zijn terwijl we de verantwoordelijkheid nemen voor die dingen die we kunnen veranderen: onze geest en ons hart, met ons vermogen om te vertrouwen en lief te hebben.

Susan is een vierenveertigjarige moeder van drie kinderen en heeft altijd een moeilijke relatie met haar moeder gehad. Susan weet heel goed wat het probleem is: 'Ze vertelt me altijd hoe ik mijn kinderen moet opvoeden. Het is nooit goed. Of ik geef ze de verkeerde dingen te eten of juist te veel gezonde dingen. Ik kan het gewoon niet goed doen.' Susan heeft duidelijk vaste denkbeelden als het om haar moeder gaat. Vaste denkbeelden kunnen beperkend, zo niet schadelijk zijn.

Op een dag geef ik Susan een taak mee. 'Ik wil dat je de volgende keer dat je je moeder aan de telefoon spreekt, je ogen dichtdoet. Ik wil dat je bewust naar haar stem luistert. Let op wat er werkelijk in te horen is, let niet op de woorden die een oud script in je hoofd tevoorschijn halen. Als ze bezorgdheid uit, hoor die bezorgdheid dan. Als ze nieuwsgierigheid uit, hoor dan gewoon die nieuwsgierigheid.' Wanneer Susan de volgende keer komt, legt ze uit dat haar moeder haar niet heeft bekritiseerd of gecommandeerd heeft aan de telefoon. Voor het eerst in jaren hoorde ze een vrouw die eenzaam was en aansluiting zocht. Door haar oude denkbeelden los te laten, had Susan ruimte gemaakt voor wat er werkelijk aanwezig was. Dit leidde er weer toe dat Susan anders kon reageren; ze ging niet automatisch in de verdediging en veroordeelde haar moeder niet. Susan opende haar geest en hart en accepteerde haar moeder. Nu werken ze aan een bevredigende en meer volwassen relatie.

Het is moeilijk om mindful te zijn in relaties, vooral omdat de ware aard van de relatie dan vaak aan het licht komt. Wat doen we als we merken dat onze partner zich niet bekommert om de relatie of zich daarvoor niet genoeg inzet? We kunnen de waarheid ontkennen en een fantasierelatie construeren, of we kunnen mindfulness toepassen en een relatie volledig accepteren zoals die is – zonder beschuldigingen of oordeel over de relatie of de persoon in kwestie. Als we eenmaal vrij van oordelen zijn, kan deze persoon ook meer open en minder wrokkig worden. In relaties geldt net als in alle systemen in de natuur, dat een verandering in een deel van het systeem het hele systeem beïnvloedt. Met Bewust Aandacht in het Nu Centreren merken we de veranderingen op en waarderen we die voor alle schatten die ze opleveren. We erkennen zo dat relaties breekbaar en voorbijgaand zijn. Zorg voor elke persoon in je leven zoals je zou doen met een zaadje dat je plant. Geef hem water en koester die zaailing zonder verwachtingen en laat hem uitgroeien tot de boom waartoe hij is voorbestemd.

Nu je de relatiesleutel hebt geleerd, kun je de oefeningen nog eens overlezen en je een week lang op een daarvan concentreren. De volgende oefening is van toepassing op alle relatielessen.

Stel je bewust iedereen die je ontmoet voor als je eigen broer of zus – iemand wiens welzijn, veiligheid, gezondheid en geluk je zeer aan het hart gaan. Merk hoe dit je perspectief verandert en je bereid maakt om vriendelijk en meelevend te zijn. Merk ook hoe de aard van de relatie daardoor verandert.

Nu je de laatste les van *De Mindfulness Code* hebt geleerd, hoop ik dat je niet aan het eind maar aan het begin van een inspirerende en vreugdevolle reis staat. Het is een reis die we met ons mee kunnen dragen – in ons brein, lichaam, hart, onze geest en onze relatie – waar we ook heen gaan.

Moge je geïnspireerd zijn.
Moge je dapper, sterk en geduldig zijn,
en moge je dit pad tot het einde volbrengen.
U Pandita

Dankwoord

Veel mensen hebben een bijdrage geleverd aan dit boek. Mijn oprechte waardering gaat uit naar alle individuen uit de geschiedenis die door mindfulness bewust zijn geworden en die kennis met anderen hebben gedeeld.

Dat geldt met name voor mijn overleden leraar, de eerbiedwaardige U Silananda, die jarenlang een onvermoeibare gids is geweest voor mensen die naar mindfulness streefden. Ashin Thitzana, mijn spirituele monnikenbroeder, voor zijn diepe wijsheid en kennis van boeddhistische geschriften. U Thondara en de monniken van de gemeenschap in het boeddhistische klooster in Birma. Randy Fitzgerald, een bondgenoot in alle dingen die met schrijven te maken hebben, voor zijn genereuze ideeën en feedback. Greg Cosby, voor het vreugdevolle geschenk van zijn creativiteit, aanmoedigingen en intuïtie, maar ook voor het feit dat hij zijn wijsheid en verlichte lessen met zo velen deelt. Robert Biswas-Diener voor zijn verhalen van hoop en geluk. Mededirectieleden van The Center for Mindful Eating, voor hun immense hart en steun, en ook hun bijzondere inspanningen om het leed in de wereld te verminderen – Roshi Jan Chozen Bays, Megrette Fletcher, Ronna Kabatznick, Jean Kristeller, Gretchen Newmark, Brian Shelley, Ronald Thebarge en Char Wilkens. Bill Gladstone, mijn literair agent, voor zijn oprechte steun voor dit project. Georgia Hughes, redactrice van de New World Library, voor haar attente ideeën en suggesties en haar verlangen om de wereld ten goede te veranderen door het geschreven woord. Kristen Cashman van de New World Library en Vesela Simic voor hun prachtige redactionele geschenken, die dit boek beter hebben gemaakt. Ook gaat mijn dank uit naar talloze anderen – vrienden, leraren, collega's, cliënten, kennissen, studenten enzovoort – met wie ik het genoegen had om meer over mindfulness te leren en te onderzoeken. Mogen wij de helende kracht van mindfulness blijven ontdekken.

Ik ben mijn familie erg dankbaar voor hun genereuze geest – met name de innige compassie van mijn zus Cynthia, de lach van mijn broer Jim en de vriendelijke woorden en steun van mijn vader, Norman. Met name mijn moeder, Barbara, en mijn vrouw, Sanda – de liefde van mijn leven – wil ik mijn innige dankbaarheid betuigen voor hun begrip en aanmoedigingen op mijn reis naar mindfulness. Mogen alle wezens worden geïnspireerd om deze vredige reis naar bewustwording te ondernemen.

Bibliografie en bronnen

Altman, Donald. *Art of the Inner Meal.* Portland, OR: Moon Lake Media, 2002.

Altman, Donald *Living Kindness.* Portland, OR: Moon Lake Media, 2003,

Altman, Donald. *Meal by Meal.* Novato, CA: New World Library, 2004.

Andreasen, Nancy. *The Creating Brain.* Washington, DC: Dana Press, 2005.

Ashley-Farrand, Thomas. *Healing Mantras.* New York: Ballantine, 1999.

Atwan, Robert, George Dardass en Peggy Rosenthal, red. *Divine Inspiration.* New York: Oxford University Press, 1997.

Bae, Ruth A., red. *Mindfulness-Based Treatment Approaches.* Burlington, MA: Elsevier Academic Press, 2006.

Begley, Sharon. *Train your Brain, Change Your Mind.* New York, Ballantine Books, 2007.

Bhikkhu, Buddhadasa. *Heartwoord of the Bodhi Tree.* Boston: Wisdom Publications, 2004.

Blakney, R.B. *The Way of Life.* New York: Signet Classics, 2001.

Bohm, David. *On Dialogue.* Londen en New York: Routledge, 1996.

Brantley, Jeffrey. *Calming your Anxious Mind.* Oakland, CA: New Harbinger Publications, 2007.

Byrom, Thomas. *Dhammapada.* Boston: Shambhala, 1993

Campbell, Joseph. *The Power of Myth*. Met Bill Moyers. New York: Broadway, 1988.
Canfield, Jack en Mark Victor Hansen. *Chicken Soup for the Teacher's Soul*. Deerfield Beach, FL: HCI Book, 2002.
Chödrön, Pema. *Start Where You Are*. Boston: Shambhala, 2004.
Chozen Bays, Jan. *Mindful Eating*. Boston: Shambhala, 2009.
Coleman, Mark. *Awake in the Wild*. Novato, CA: New World Library, 2006.
Coppieters, Frank. *Handbook for the Evolving Heart*. Prescott, AZ: Conflux Press, 2006.
Cousineau, Phil. *Once and Future Myths*. Boston: Conari Press, 2001.
Cousins, Norman. *Anatomy of an Illness*. New York: W.W. Norton, 2001.
Daiensai, Richard Kirsten. *Smile*. Londen: M Q Publications, 2004.
Dalai Lama en Howard C. Cutler. *The Art of Happiness*. New York: Riverhead, 1998.
Dalai Lama. *Live in a Better Way*. Geredigeerd door Renuka Singh. New York: Penguin Books, 2002.
Darling, David J. *The Universal Book of Mathematics*. Hoboken, NJ: John Wiley & Sons, 2004.
Das, Lama Surya. *Awakening the Buddha Within*. New York: Broadway Books, 1997.
Didonna, Fabrizio, red. *Clinical Handbook of Mindfulness*. New York: Springer, 2008.
Diener, Ed, en Robert Biswas-Diener. *Happiness*. New York: Wiley, 2008.
Dossey, Larry. *Healing Words*. San Francisco: HarperSanFrancisco, 1994.
Durston, Diane. *Wabi Sabi*. North Adams, MA: Storey Publishing, 2006.
Easwaran, Eknath. *The Mantram Handbook*. Petaluma, CA: Nilgiri Press, 1997.

Gerrard, Don. *One Bowl.* Cambridge, MA: Da Capo Press, 2001.

Goleman, Daniel. *Destructive Emotions.* New York: Bantam Books, 2003.

Gordon, James. *Unstuck.* New York: Penguin Books, 2008.

Hanh, Thich Nhat. *The heart of the Buddha's Teaching.* Boston: Shambhala, 2003.

Hanh, Thich Nhat. *The Miracle of Mindfulness.* Boston: Shambahala, 1996.

Hanh, Thich Nhat. *Peace is Every Step.* New York: Bantam Books, 1992.

Heschel, Abraham Joshua. *The Sabbath.* New York: Farrar, Strauss & Giroux, 1996.

Joyce, James. *Dubliners.* Geredigeerd door Margaret Norris. New York: Oxford University Press, 2008.

Kabat-Zinn. *Full Catastrophe Living.* New York: Bantam Dell, 1990.

Kabat-Zinn. *Whereever You Go There You Are.* New York: Hyperion, 1997

Kabat-Zinn, Myla en Jon Kabat-Zinn. *Everyday Blessings.* New York: Hyperion, 1998.

Kabatznick, Ronna. *The Zen of Eating.* New York: Perigree Trade, 1998.

Kaplan, Aryeh. *Jewish Meditation.* New York: Schocken Books, 1985.

Kass, Amy, red. *Giving Well, Doing Good.* Bloomington: Indiana University Press, 2007.

Khan, Hazrat Inayat. *The Mysticism of Sound and Music.* Boston: Shambhala, 1996.

Klein, Allen. *The Healing Power of Humor.* New York: Tarcher, 1989.

Kornfield, Jack. *The Art of Forgiveness, Loving-Kindness, and Peace.* New York: Bantam Books, 2002.

Kraybill, Donald. *Old Order Amish.* Foto's van Lucian Niemeyer. Baltimore: John Hopkins University Press, 1993.

Langer, Ellen. *Mindfulness.* Cambridge, MA: Da Capo Press, 1990.
Laozi, en Archie J. Bahm. *Tao Tweede huis King.* World Books, 1986.
Libet, Benjamin. *Mind Time.* Cambridge, MA: Harvard University Press, 2005.
Lyubomirsky, Sonja. *The How of Happiness.* New York: Penguin Books, 2008.
Mahasi, Sayadaw. *Fundamental of Vipassana Meditation.* Berkeley, CA: Dhammachakka Meditation Center, 1991.
Maitreya, Balangoda Ananda. The Dhammapada. Berkeley, CA: Parallax Press, 1995.
Marcus, Clare Cooper en Marni Barnes, red. *Healing Gardens.* New York: Wiley, 1999.
McDermott, Diane. *Making Hope Happen.* Oakland, CA: New Harbinger Publications, 1999.
McDermott, Diane en C.R. Snyder. *The Great Book of Hope.* Oakland, CA: New Harbinger Publications, 2000.
Merton, Thomas. *New Seeds of Contemplation.* New York: New Directions, 1961.
Mikulincer, Mario, en Philip Shaver. *Attachment in Adulthood.* New York: Guilford Press, 2007.
Moeder Theresa. *The Joy in Loving.* New York: Penguin Books, 2000.
Moring, Gary F. *The Complete Idiot's Guide to Understanding Einstein.* New York: Penguin Books, 2004.
Muir, John. *The Yosemite.* San Francisco: Sierra Club Books, 1988.
O'Connor, Richard. *Undoing Perpetual Stress.* New York: Berkley Trade, 2006.
O'Donohue, John. *Anam Cara.* New York: Harper Perennial, 2004.
O'Donohue, John. *Eternal Echoes.* New York: Harper Perennial, 2002.
Pandita Sayadaw U. *In This Very Life.* Boston: Wisdom Publications, 1992.

Phillips, Jan. *Divining the Body*. Woodstock, VT: Skylight Paths Publications, 2005.

Ricard, Matthieu. *Happiness*. New York: Little Brown, 2007.

Rilke, Rainer Maria. *Book of Hours*. Vertaald door Anita Barrows en Joanna Macy. New York: Riverhead Trade, 1997.

Rinpoche, Sogyal. *The Spirit of Buddhism*. New York: HarperOne, 2003.

Rumi, Jalal-al-Din. *Essential Rumi*. Vertaald door Coleman Barks. New York: HarperOne, 1997. Ryals, Steve. *Drunk with Wonder*. Ukiah, CA: Rock Creek Press, 2006.

Salzberg, Sharon. *Loving-Kindness*. Boston: Shambhala, 1997.

Sapolsky, Robert. *Why Zebras Don't Get Ulcers*. New York: W.H. Freeman, 1994.

Schwartz, Barry. *Paradox of Choice*. New York: Harper Perennial, 2004.

Schwartz, Jeffrey en Sharon Begley. *The Mind and the Brain*. New York: Harper Perennial, 2003.

Seigel, Martin. *Learned Optimism*. New York: Vintage, 2006.

Sen XV, Soshitsu. *Tea Life, Tea Mind*. New York & Tokyo: Weatherhill, 1995.

Silananda, eerbiedwaardige U. *Four Foundations of Mindfulness*. Boston: Wisdom Publications, 1990.

Shack-Mills, Daniel. *The Tao of Now*. Portland, OR: KenArnoldBooks, 2008.

Snyder, C.R. *The Handbook of Hope*. New York: Academic Press, 2000.

Snyder, C.R. *The Psychology of Hope*. New York: Free Press, 2003.

Snyder, C.R., Diane McDermott, William Cook en Michael A. Rapoff. *Hope for the Journey*. New York: Basic Books, 1997.

Tart, Charles. *Living the Mindful Life*. Boston: Shambhala, 1994.

Thoreau, Henry David. *Walden and Other Writings*. Boston: Adamant Media, 2000.

Tolle, Eckhart. *A New Earth*. New York: Penguin, 2008.

Trungpa, Chögyam. *Shambhala*. Boston: Shambhala, 1988.
Tse, Lao. *Tao Te Ching*. Vertaald door Stephen Mitchell. New York: Harper Perennial, 2006.
Tutu, Desmond. *No Future Without Forgiveness*. New York: Doubleday, 1999.
Twain, Mark. *Bite-Size, Twain*. Geredigeerd door John P. Holmes en Karin Baji. New York: St. Martin's, 1998.
Watson, Lyall. *Gifts of Unknown Things*. Rochester, VT: Destiny Books, 1991.
Whybrow, Peter. *American Mania*. New York: W.W. Norton, 2006.
Wilde, Oscar. *Collected Works of Oscar Wilde*. Hertfordshire, VK: Wordsworth, 2007.
Williams, Mark John Teasdale, Zindel Segal en Jon Kabat-Zinn. *The Mindful Way through Depression*. New York: Guilford Press, 2007.

Wetenschappelijke artikelen en hoofdstukken uit boeken

Bennett, Mary, Janice Zeller, Lisa Rosenberg en Judith McCann. 'The Effect of Mirthful Laughter on Stress and Natural Killer Cell Activity', *Alternative Therapies* 9, no. 2 (2003): 39-44.

Creswell, J. David, Baldwin M. Way, Naomi I. Eisenberger en Matthew D. Lieberman. 'Neural Correlates of Dispositional Mindfulness during Affect Labeling', *Psychosomatic Medicine* 69 (2007): 560-565.

Davidson, Richard, Jon Kabat-Zinn *et al.* 'Alterations in Brain and Immune Function Produced by Mindfulness Meditation', *Psychosomatic Medicine* 65 (2003): 564-570.

Kabat-Zinn, Jon, Leslie Lipworth, en Robert Burney. 'The Clinical Use of Mindfulness Meditation for the Self-Regulation of Chronic Pain', *Journal of Behavioral Medicine* 8, no. 2 (1985): 163-190.

Kabat-Zinn, Massion, Kristeller, Peterson *et al.* 'Effectiveness of a Meditation-Based Stress Reduction Program in the Treatment of Anxiety Disorders', *American Journal of Psychiatry* 149 (1992): 936-943.

Moore, S.L. 'Hope Makes a Difference'. *Journal of Psychiatric and Mental Health Nursing* 12, no. 1 (2005): 100-105.

Roth, Beth, en Tracy Creaser. 'Mindfulness Meditation-Based Stress Reduction: Experience with a Bilingual Inner-City Program', *The Nurse Practitioner* 22, no. 3 (1997): 150-154, 157.

Santorelli, S.F. 'Mindfulness and Mastery in the Workplace', *Engaged Buddhist Reader*. Berkeley, CA: Parallax Press, 1996.

Websites

Donald Altmans websites: www.mindfulpractices.com en
www.mindfulnesscode.com
Organisaties tegen honger en armoede:
www.bread.org/hunger
The Center for Mindful Eating: www.tcme.org
Center for Mindfulness and Psychotherapy:
www.mindfulnessandpsychotherapy.org
Center for Mindfulness in Medicine, Healthcare and Society:
www.umassmed.edu/content.aspx?id=41252
Dana Foundation: www.dana.org
Hope Foundation: www.hopefoundation.org
Laboratory for Affective Neuroscience, University of Wisconsin
in Madison: http://psyphz.psych.wisc.edu
Social Cognitive Neuroscience Laboratory, UCLA:
www.scn.ucla.edu

Mindful eten: http://mindfuleten.wordpress.com
Aandachttraining: www.aandachttraining.info
Psychotherapie (en mindfulness) en boeddhisme:
www.psychotherapieenboeddhisme.nl

Over de auteur

Donald Altman is psychotherapeut, voormalig boeddhistisch monnik, bekroond schrijver en lid van de raad van bestuur van The Center for Mindful Eating (www.tcme.org). Hij geeft ook les aan de Lewis and Clark College Graduate School en werkt mee aan het lesprogramma van de faculteit Interpersoonlijke Neurobiologie aan Portland State University.

Donald geeft workshops en leidt retraites in mindful leven en mindful eten in heel het land en staat bekend als *de* mindfulnesscoach van Amerika vanwege de manier waarop hij laat zien hoe je mindfulness en spirituele waarden in het dagelijks leven kunt toepassen. Donald is in de leer geweest bij de eerbiedwaardige U Silananda, de auteur van *The Four Foundations of Mindfulness*, in een boeddhistisch klooster bij de San Bernardino Mountains in Zuid-Californië. Hij is lid van de Burma Buddhist Monastery Association en de Dzogchen Foundation.

Donald heeft een vruchtbare carrière van dertig jaar schrijverschap achter de rug, waarin hij kinderseries, documentaires en talloze artikelen heeft geschreven. Als motorliefhebber rijdt hij graag langs de kust van Oregon. Hij woont in Portland, Oregon, met zijn vrouw en twee katten.